Wolfgang Kosack

Ost-Märchen

Gedanken und Erinnerungen an eine längst vergangene Zeit

- Berlin, zum 60. Jahrestag der Republik -
(für Westler) 7. Oktober 2010

VERLAG
CHRISTOPH BRUNNER

Berlin 2014

ISBN 978-3-906206-05-9

Dieses Buch wurde gedruckt bei:
CCS VON DER OSTEN GmbH, Lörrach
www.ccs-vonderosten.de

Order to: ChristophBrunner@hotmail.com

© Dr. Wolfgang Kosack, Berlin 2014

Vorwort

Meinen Titel habe ich aus einem Witz genommen, und der geht so:

Worin besteht der Unterschied zwischen einem West-Märchen und einem Ost-Märchen?
Im Westen beginnen die Märchen mit „Es war einmal..."
Im Osten beginnen sie mit den Worten: „Es wird einmal sein..."

Nach zwanzig Jahren kann man im Banne der Ansprachen vor dem Deutschen Reichstag zum 3. Oktober leider nur feststellen: Auch im Osten beginnen nunmehr die Märchen mit den Worten „Es war einmal...", und was ein richtiger Ostalgiker ist, der fügt hinzu: „Ach ja, was war das schön...".
Damit die wohlige Erinnerung einen nicht völlig übermannt, habe ich tief in mein Herz geblickt und darüber nachgedacht, ob ich meine Erlebnisse aufzeichnen sollte oder besser nicht. Anonym, damit sich keiner auf den Schlips getreten fühlt, kurzgefaßt, damit man beim Lesen nicht das Gähnen kriegt, charakteristisch und bezeichnend für allerlei Aspekte, die einem als Wessi bei den Ossis so auffiel.
Irgendwie habe ich es geschafft, glaubhaft Ossi zu spielen und nur in den allerseltensten Fällen als Wessi entlarvt zu werden, falls ich mich nicht selber dazu bekannt habe. Ich war eben der Wolfgang aus der Berliner Richardstraße. (Zur Erläuterung: Vorwendisch gab es drei Richardstraßen im Ostteil und zwei im Westteil der Hauptstadt).
Die Nachwendezeit habe ich verständlicherweise ausgespart, die kennt man zur Genüge. Die Wendezeit habe ich auch nur gestreift, weil da auf einmal alles wegrutschte, was man bislang kennen gelernt hatte oder kannte. Mir ist es nicht einmal gelungen, einen Ausreisestempel an der Übergangsstelle Brandenburger Tor zu ergattern, so schnell war die plötzlich dicht!

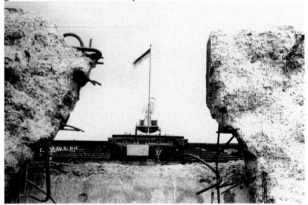

Ehrlich gesagt: Mir fehlt das Kribbeln bei Einreise in die Friedrichstraße, ob man erwischt wird bei einem Zolldelikt oder nicht. Einreise wie Ausreise standen ja ständig unter dem Damokles-Schwert des Erwischtwerdens. Und was mußte man nicht alles vorbereiten: Zur Antragsstelle stempeln gehen, Geschenke einkaufen. Wunschzettel der Ostfreunde abarbeiten. Diafilm für die Kamera kaufen. Geld bereithalten für den Zwangsumtausch. (Zollbeamten hier bitte weghören!) Sich in der Wechselstube am Bahnhof Zoo Ostscheine gegen DM eintauschen und in der Unterhose, im Ärmelfutter oder BH verstecken. Sich geduldig in die Schlangen einreihen vor der Paßkontrolle. Hier warten (Visum), da warten (Zoll), dort warten (Geldumtausch bei der Staatsbank). Und erlöst die Blechtür zur Bahnhofshalle Friedrichstraße zufallen lassen, wenn man alles Aufregende hinter sich hatte.

Und dann in einigen Fällen noch die lieben Anoraks von der Stasi verstohlen im Augenwinkel behalten und spontan Ideen zum Abschütteln der unerwünschten Schatten entwickeln. Ach ja, und zur Meldebehörde bei den Vopos Ein- und Ausreise abstempeln lassen.

Das Leben ist eben ärmer geworden, ohne dieses Kribbeln. Doch, irgendwie fehlt sie mir schon, die traute DDR...

Dr. Wolfgang Kosack

GRUNDSÄTZLICHES

Mischmasch, der vermeidbar wäre

> Lache mit mir! Es ist so traurig,
> allein zu lachen...

Im Jahr 20 nach der Deutschen Einheit am 3. Oktober 1990 ist das Datum umso gefährlicher, weil nicht nur der Sozialismus auf dem Prüfstand der Erinnerungen steht, sondern – Sarrazin und Gauck sei Dank! – auch noch das Integrationsproblem mit Ausländern auf der Tagesordnung festgeschrieben wird. Dabei ist die Integration von überzeugten Sozialisten fast genau so tiefgründig gescheitert und danebengeraten wie die von Ausländern.

Und überhaupt, von welchem Ausländerproblem reden wir eigentlich? (es gibt wie Alkoholsorten ja verschiedene).

Und von welchem Sozialismus, darf ich fragen, wenn ich die Partei DIE LINKE PDS für sich betrachte?

Und schließlich, was hat Islam und Sozialismus miteinander zu tun?

Diese Frage sollen Ideologiekritiker und Religionskritiker genauer untersuchen, nicht ich, der immerhin persönlich betroffene, aber ziemlich unwichtige Zeitzeuge der Deutschen Einheit.

Besoffen vom Sozialismus

> Wann ist die höchste Stufe des Kommu-nismus erreicht?
> Wenn wir von allem genug haben!

Wir sagen: Viel Alkohol schadet der Gesundheit und führt zum Alkoholismus. Ja, Alkohol wird zur Herstellung von Medizin oder auch zum Kochen benutzt, aber diese Varianten sind jetzt nicht gefragt, wenn wir über die sozialen Folgen des Alkohols debattieren wollen. Außerdem, Alkohol gibt es in verschiedensten Formen: als Bier, Likör, Wein, Schnaps, Brennspiritus. Wenig davon kann heilend und inspirierend sein, mehr davon schadet dem Individuum, gefährdet das Zusammenleben mit der Gemeinschaft und schädigt schließlich die Gesellschaft insgesamt.

Und so steht es nun auch mit dem Sozialismus.

Wenn Betroffene, Soziologen und Politiker von Sozialismus sprechen, ist immer die Rede von EINEM Sozialismus. Wenn sie aber davon sprechen, daß der Sozialismus das beste Staatssystem ist, das die Menschheit bisher entwickelt hat, so sagen sie nicht, welchen Sozialismus sie meinen. Und wenn gar Kritik am Sozialismus auftaucht, dann benötigen sie einen Taschenspielertrick, indem sie fragen, um etwaige Kritik gleich von vorneherein abzuwürgen: Von welchem Sozialismus sprechen Sie überhaupt?

Denn möglicherweise ist der Sozialismus, in kleinen Dosen genossen, in der Tat heilsam und inspirierend. Mehr davon schadet dem Individuum, indem es sein Weltbild verengt und sein historisches Verständnis beschränkt. Und im großen Stil gedacht gefährdet es das Zusammenleben des Individuums mit der Gemeinschaft, indem der Einzelne die graue Wirklichkeit immer mit dem süßen Sog der zukünftigen Segnungen des Sozialismus mißt, und für eine ganze Gesellschaft ist die Droge Sozialismus so gefährlich, weil sie die tatsächliche Realität der Welt nicht anerkennen will oder darf.

Der überzeugte Sozialist ist wie der überzeugte Alkoholiker von seiner Sucht nicht mehr zu befreien, die Welt zu verbessern und auf ein schöneres Morgen zu hoffen, zunächst ganz egoistisch für sich, dann jedoch auch für alle anderen, wobei – wie im Alkoholisten auch – ein Drehtüreneffekt entsteht. Manchmal gibt er sich auch anderweitigen Gedanken hin, die seine politische Sucht in Frage stellen könnten, dann wieder verdrängt er sie energisch, da er die ausweglose Lage durchschaut, in der er sich ideologisch verrannt hat. Und sie stimmt durchaus nicht mit der beobachteten Wirklichkeit überein.

Entsprechend sind Alkoholiker und Sozialisten von einer vernebelten Weltsicht gepeinigt und gestraft. Zunächst ist die Wirkung ja beruhigend oder besänftigend, dann aber – in größeren Mengen genossen – wird die Droge zum Feind, der die Wirklichkeit bekämpfen muß und möchte.

Natürlich können Alkoholisten und Sozialisten geheilt werden, aber das ist ein schwieriger Prozeß und dauert entsprechend lange. (Außerdem muß vor Rückfällen gewarnt werden!).

Das schlimme dabei ist, daß es im Alkohol wie im Sozialismus auch Sorten gibt, die noch zusätzlich schädigen: ich nenne sie mal die „schwarzgebrannten" Sorten. Beim Alkohol ist es der Fusel, beim Sozialismus die selbstgestrickte Weltsicht, die richtig besoffen machen und einen schweren Kopf dazu. Das Erwachen am nächsten Tag (oder bei der nächsten Tagesnachricht in der Politik) ist dann umso schlimmer.

Wie beim Alkohol gerät der Abhängige in die Sucht, stets für Nachschub zu sorgen, ja sorgen zu müssen, um seinen Pegel zu halten, und alles und jedes in der Welt in Bewegung zu setzen, seinen Suchtstoff zu beschaffen.

Wenn es gar nicht weiter geht, kommt der Alkoholiker in die Notaufnahme, anschließend in eine Suchtklinik, und erhält, wenn er Glück hat, einen Therapieplatz.

Das ist beim Sozialismus eben nun nicht möglich, denn denken, das muß jeder allein bewältigen.

Wenn aber ein ganzes Volk nicht mehr denken kann, weil es sich besoffen geredet hat über den Sozialismus, dann wird es gefährlich.

SOLLTEN SIE WEITERHIN INTERESSE AM SOZIALISMUS HABEN, WENDEN SIE SICH BITTE AN UNSERE MITARBEITERIN FRAU SCHMIDT!

Der Salzberg und der Zuckerberg

Die Angst der Ossis vor den Wessis kann an einem indischen Märchen verdeutlicht werden:
Eine Ameise vom Zuckerberg trifft eine Ameise vom Salzberg in dem Tal zwischen den beiden Bergen. Die eine Ameise erzählt der anderen von dem süßen Geschmack des Zuckers, jene aber kann sich diesen Geschmack nicht vorstellen. Diese verspricht, morgen ein Stück Zucker mitzubringen, damit jene den Geschmack kennen lernt. Bevor die Ameise vom Salzberg am nächsten Tag ihre Höhle verläßt, nimmt sie ein Stück Salz mit und versteckt es unter ihrer Zunge, damit sie etwas für das Mittagessen dabei hat, falls der Zucker ihr nicht schmecken sollte. Als sie das Stück Zucker entgegennimmt, steckt sie es in den Mund und bemerkt einen komischen Geschmack. „Es schmeckt ja scheußlich", sagt sie. Die andere Ameise ist erstaunt, weil sie doch weiß, wie gut ihr Zucker schmeckt. Sie weiß instinktiv, daß irgendetwas mit der Zunge der anderen nicht in Ordnung ist, und bittet sie, den Mund aufzumachen. Dort entdeckt sie das Stück Salz. Nun kann die Ameise vom Zuckerberg ihre Kollegin davon überzeugen, den Klumpen Salz auszuspucken, um den Zucker zu genießen. Die Ameise vom Salzberg lächelt begeistert, weil sie glücklich über die Entdeckung des neuen Geschmacks ist.
Sollte es eine Ost-West-Geschichte werden, dann endet sie wie folgt: Die Ameise vom Salzberg weigert sich hartnäckig, das Salz aus ihrem Mund zu entfernen, sonst würde sie ihre Prinzipien verraten, und alle ihre Vorfahren kannten ja nichts als das Salz. Und selbst, wenn sie sich von dem Zucker

verführen ließe, bekäme sie bald ein schlechtes Gewissen, und kehrte reumütig zu ihrem Salzberg zurück. Von da an würde sie alles Süße verfluchen.

Nun will ich ja nicht unbedingt behaupten, daß wir Wessis Ameisen vom Zuckerberg sind, aber die Schlußfolgerung des Märchens betrifft uns alle.

Denn umgekehrt geht es ja genau so: Die Ameise vom Zuckerberg weiß nicht, wie das Salz schmeckt, und um das herauszufinden, müßte sie ihren Mund spülen und es einfach probieren. Denn ewig nur Zucker Schlecken, das ist ja auch keine Lösung...

Ideologiekritik

> Was ist Kapitalismus?
> Wenn ein Mensch den anderen rücksichts-los ausbeutet.
> Im Gegensatz dazu: Was ist Marxismus-Leninismus?
> Da ist es genau umgekehrt.

Ideologiekritik ist nicht das Hauptproblem bei der Wertung der Ideologie des Sozialismus. Nein, der Sozialismus hat ein Problem mit sich selbst, mit seinen Ansprüchen und seinen Weltbildern. Und ihm läuft die Zeit davon. Relativismus und Wundenlecken sind da die falschen Rezepte. Wer Sozialisten tatsächlich ernst nimmt, muß Kritik am Sozialismus üben. Wer mit ihnen auf gleicher Augenhöhe reden will, sollte mit ihnen ehrlich sein, statt sie als Menschen mit geistigem Defekt zu behandeln. Schlimm genug, wenn jemand Menschen für Behinderte hält, die keine sind. Viel schlimmer ist es, wenn er anfängt, mit ihnen zu hinken, um eine Behinderung vorzutäuschen, in der Illusion, sich mit ihnen dadurch zu solidarisieren.

Ich sehe viele ostdeutsche Mitbürger wie einen Würfel Eis, und die westdeutsche Gesellschaft als Mehrheit wie ein Glas Wasser. Um die Form des

Würfels zu bewahren, wird viel Energie verschwendet und viel Widerstand geleistet. Der Würfel verharrt lieber im Gefrierfach statt im Wasserglas.

Dies hindert viele Ossis daran, eine positive Beziehung zu ihrem Heimatland zu entwickeln. Anspruchsmentalität und der Wunsch nach Bewahrung oder Verteidigung ihrer Identität hemmen ihre sozialen Kompetenzen und verstärken ihre Isolation, was im schlimmsten Fall zu einer Radikalisierung überleitet. Die hitzigen Reaktionen der äußersten Rechten (Neonazis) und der äußersten Linken (Steinzeitkommunisten) zeigen das deutlich. Deutschland bietet ihnen immerhin den Luxus, extreme Haltungen vertreten zu können und extreme Meinungen öffentlich kundzutun. Das Land läßt ihnen sogar ihr Gefrierfach.

Menschen, die in die Enge geraten sind, sind unfähig, den zunehmenden Druck und die Erwartungen an ihre Person zu reduzieren oder gar zu vermeiden. Sie ziehen es vor, die Konflikte, die sie innerlich zerreißen, auf die Welt um sich herum zu projizieren.

Für die meisten Menschen jedoch gilt das nicht. Sie waren keine Opfer der SED, sondern Opfer ihrer Gleichgültigkeit.

ERLEBTES

An der Fleischtheke

> *(Im HO, an der Fleischtheke.)*
> Ein halbes Pfund Schweinefleisch.
> Haben wir nicht.
> Ein Pfund Kalbfleisch.
> Haben wir nicht.
> Wenigstens ein paar Suppenknochen.
> Haben wir auch nicht.
> Ja, was zum Teufel haben Sie denn?
> Bis achtzehn Uhr geöffnet.

Es liegt auf der Hand: die DDR ist nicht beigetreten, sondern beigetreten worden. Sie ist nicht gänzlich verschwunden, sie ist im Meer der D-Mark untergegangen, und ab und zu, wie bei der Sage von der versunkenen Stadt Vineta im Meer, hört man an Feiertagen ein Glockengeläute aus der Tiefe, das sozialistisch anmutet.
Bestes Beispiel dafür ist der Kredit, den Anfang der Achtziger Jahre Franz-Josef Strauß der schon damals pleitegegangenen DDR von westdeutschen Banken bewilligen ließ, um seine Rüstungsgeschäfte durch Weiterführen des Kalten Krieges nicht zu gefährden: was wäre nun aber geschehen, wenn damals, als die Polen die Solidarnosz-Bewegung erfanden, die DDR Pleite gegangen wäre?
Ich erinnere mich noch deutlich daran, daß damals von Güterzügen gemunkelt wurde, die mit Schweinehälften beladen nach Polen abgingen, daß damals die polnische Grenze dicht gemacht wurde, damit kein Funke von Aufsässigkeit in das System der DDR überschwappe, kein Pole mehr deutsche Fleischwaren oder gar Würste kaufen konnte, daß damals in Lübbenau in der großen Kaufhalle des Neubaugebietes ein solcher Fleischmangel herrschte, daß die Fleischtheke ein Plakat einstellte: „Eßt mehr Fisch!" –
Eine Woche später gab es an der Fischtheke zu lesen „Eßt mehr Geflügel", darauf an der Geflügeltheke, gemeint den Broilerverkaufsstellenschwerpunkt „Eßt mehr Gemüse". Dort bliebt das Schlamassel der fehlenden Lieferungen auf ein paar verschrumpelten Möhren, welkenden Kohlköpfen und stinkenden Futterkartoffeln in den unsagbaren Netzen und übelriechenden Stellagen hängen.

Entsprechend gab es auch keine Wurst, entsprechend gab es auch keine Konserven mit Fleisch oder Wurstwaren. Sie waren wie von Zauberhand plötzlich aus den ohnehin mageren Regalen verschwunden.
Allerdings, Brot war immer da, und zu so sensationell niedrigen Preisen, daß man billig ganze Ladungen kaufen und an die Karnickel verfüttern konnte, um den Fleischmangel ein wenig abzumildern.
Zu allem Unglück trat dann auch in Mecklenburg eine Tierseuche, ähnlich der Schweinepest, auf, die mit der Vollsperrung mehrerer Kreise bekämpft werden mußte, damit das Virus nicht auf die Nachbarbezirke sich ausbreiten konnte. So war auch innerhalb der DDR auf einmal die Reisefreiheit eingeschränkt. Nach Tschechoslowakei und Polen durfte man ja ohnehin nicht mehr reisen.
Alles das hat dafür gesorgt, daß von 1981-1989 die DDR noch ein wenig länger dahinsiechte, als es unbedingt erforderlich gewesen wäre.
Aber ich will nicht über das berichten, was allgemein bekannt ist und was nur von Nebelkerzen der Gesamtdeutschen Feier historisch „aufgehübscht" wurde und immer noch wird, sondern was ich persönlich selbst erlebt habe.

Einreise

> Was ist paradox?
> Wenn jemand zum Vergnügen in die DDR reist.

Als Westberliner bin ich sehr oft durch die Grenze der Friedrichstraße „*rübergemacht*" und habe mich an vielerlei Orten und Kreisen umgeschaut, als neugieriger Tourist, als einfacher Beobachter, als Mensch, der dort zufällig zahlreiche Freunde getroffen hatte, die er umso häufiger besuchte, je enger sich der Kontakt gestaltete.
Zur Erinnerung: Man mußte ja für jeden Tag 25.- DM Eintrittsgeld bezahlten für den großen Zoo DDR; man mußte ein Zolldokument ausfüllen; man mußte

vorher den Eintritt in den Visastellen beantragen (am besten die hübschen Achtfach-Berechtigungsscheine, die einem neunmal das Vergnügen verschafften, bei der Antragsstelle ohne nennenswertes Warten vorzusprechen und sich ein Visum zu holen). Ansonsten dauerte das Visum einen oder zwei Tage, bis man es bewilligt kriegte. Es wurde in netten Briefumschlägen mit Fenster überreicht.

Ausnahmeregelungen für Brian

In einem Falle habe ich sogar ein Visum zur einmaligen Ein- und Ausreise in die DDR auch <u>innerhalb von zwei Stunden</u> erhalten. Das kam so: Ich hatte Besuch von einem amerikanischen Austauschstudenten aus Kalifornien. Brian wollte unbedingt die Hauptstadt der DDR besuchen, und zwar an einem bestimmten Tag. Da er kein Deutsch sprach und sich auch dort nicht auskannte, wollte er, daß ich ihn begleitete. Ich sagte: Das geht nicht, da mein Visum zwei Tage braucht, ehe es bewilligt wird. Das glaubte er nicht, ich nahm ihn mit zur Passierscheinstelle in der Nähe des Halleschen Tores, eine Baracke, die den schicken Charme verflossener Siebziger ausströmte. Obwohl wir früh dran waren, mußten wir warten, Nümmerchen ziehen, auf Klappstühlen sitzen, und ich mußte ihm fortwährend das alles in Englisch erklären: Was, warum, wieso? Endlich waren wir dran: Ich trug mein Anliegen vor, der Amerikaner legte schwungvoll seinen Paß auf den Tisch, die Genossen von drüben schauten verdutzt, es erhob sich ein Stimmengewirr, das auch die Nachbartische erfaßte, wo gerade andere Berliner ihre Visen gestempelt und erteilt bekamen.
Fazit: Brian sollte am Checkpoint Charlie einreisen, ich an der Friedrichstraße und ihn dann dort treffen – Aber das ging nicht, da er kein Deutsch verstand und hilflos am Ausgang hätte mehr als 1 ½ Stunden warten müssen (die ganze Friedrichstraße runter dauerte eben zu Fuß so lange, nicht gerechnet der Andrang bei Grenzübergang an der Friedrichstraße). Brian verstand immer

weniger und stellte immer weitere Fragen. Die Genossen staunten ob meiner flüssigen Dolmetschertätigkeit und grübelten nach einer Lösung. Ein Uniformierter mit vielen Pickeln auf der Achsel schaute sich endlich meinen Ausweis, den amerikanischen Paß, dann entschlossen uns beide an, schnarrte dann in unerschütterlichem Entschluß: „Kommen Sie um 11 Uhr wieder, Ihren Ausweis behalten wir hier, Sie brauchen keine Nummer zu ziehen. Zeigen Sie einfach den Paß" und verschwand.

Wir trödelten die zwei Stunden im angrenzenden Park herum, wobei ich Brian versuchte zu erklären, warum das alles so schwierig ist, und er die Leute musterte und zählte, die die Baracke zwecks Visa-Einreise in die DDR heimsuchten.

Punkt 11 standen wir wieder im Warteraum, zeigten den Paß, wurden sofort durchgelassen und !Bedient!, ich erhielt meinen Ausweis und ein handgeschriebenes Dokument zur einmaligen Ein- und Ausreise am Tag x, Monat y, Jahr z sowie die dokumentierte Bewilligung, daß der „amerikanische Student" ausnahmsweise auch in der Friedrichstraße in meiner Begleitung die Grenze überqueren durfte, da er „des Deutschen unkundig" sei. Und man wünschte uns guten Aufenthalt! Mit diesen Papieren im Sack sind wir sofort von Hallesches Tor zur Friedrichstraße gefahren, dort an verschiedenen Schaltern eingereist, haben uns am Ausgang aber wiedergefunden und mußten gemeinsam zur Staatsbank zwecks Umtausch und zur nächsten Polizeidienststelle der VOP. (Cop, meinte Brian, nicht VOP, there is a letter mistake). Glücklicherweise kannte ich mich da ja aus und konnte ihm das alles auch und vor allem in Gegenwart der staunenden VOPOS erläutern.

Nachspiel mit Brian

Gegen 12 Uhr gingen wir endlich auf der Straße Unter den Linden, in Richtung auf Universitätsbuchhandlung. Von ferne winkte das Brandenburger Tor. Brian wollte unbedingt dahin, und dann wollte er unbedingt in der DDR ein englisches Buch kaufen. In der DDR! Ein englisches Buch!! In der Uni-Buchhandlung gab's nur ein Wörterbuch, das wollte Brian aber nicht. Also auf zum Antiquariat unter den Linden und zum „Internationalen Buch" über dem Fischrestaurant.

Auf dem Weg dorthin eine Episode, geheim und gefährlich. Ausgerechnet vor der Sowjetischen Botschaft mit ihren 3 Wachthäuschen fuhr neben uns ein Auto im Schrittempo vor, eine junge attraktive Frau stieg aus, schlenderte auf uns zu und sprach Brian in bestem Englisch an, ob er nicht Dollars zu tauschen hätte. Ausgerechnet hier! Brian war überrascht und wäre naiv genug gewesen, darauf einzugehen (Devisenvergehen und ewige Republik-Sperre, so hätte sich mein Los daraus entwickelt und gestaltet, wenn nicht gar noch Schlimmeres). Ich packte ihn am Ärmel, zog ihn weg, verdutzt, wie er war, wies auf die Leninplastik im Vorgarten der Botschaft, erzählte schnell und wortreich von der Geschichte der Botschaft, und schwitzte und schwitzte. Glücklicherweise hörte Brian mir mehr zu als der Dame, die dann achselzuckend von uns abließ und in das Auto zurückstieg. Natürlich unter den Augen der vielen Polizisten in den Wachthäuschen. Natürlich war an der Botschaft für Autos absolutes Halteverbot. Also: War das eine Falle der Stasi? War das ein Zufall? Wer war die freundliche Dame wirklich?

Zurück zur Suche nach englischen Büchern. Im Antiquariat völlige Fehlanzeige. Im „Internationalen Buch" endlich ein EINZIGES Buch: „The history of the chinese communistic party" von Anno dunnemals (es sah etwas ältlich aus). Brian maulte „International books and only this antique copy?" Tja, da war guter Rat teuer (das Buch war's nicht!), er hat es dann trotzdem gekauft, als Souvenir. Hoffentlich hat er's nicht gelesen...

Nachdem wir uns von den Segnungen des Sozialismus im Kaufhaus am Alex überzeugt und uns mit einem der dort üblichen Kaffees gestärkt hatten, („oh, what a disgusting black sore!") gönnten wir uns eine S-Bahnfahrt zurück zur Friedrichstraße und reisten samt Buch wohlbehalten nach Drüben. Nein nein, natürlich nicht sofort, denn den Restbetrag von meinem Umtauschgeld mußte ich erst an der Staatsbank auf mein Sperrkonto einzahlen, DDR-Mark durfte man ja nicht nach Drüben mitnehmen.

Bei allen Umtauschaktionen in der Staatsbank summte es in mir ständig:

Sag mir, wo die Groschen sind,
wo sind sie geblieben? /
Gute D-Mark Deutschlands du,
was ist geschehn? /
Marx und Zetkin-Scheine her,
Aluchips und vieles mehr
:/: Wann wird man je verstehn? :/:

Tja, so viel zu meinem Beitrag – auf Heller, Mark und Pfennig – zum sozialistischen Aufbau des antikapitalistischen Schutzwalls. Oder hat das Geld etwa Schalck-Golodkowski gekriegt, um heimlich Westwaren zu kaufen?

Grenzvorfälle

Im günstigsten Falle konnte man auf eine Einladung durch Freunde hoffen, die einem damit das Recht beschafften, 1 Woche oder gar 14 Tage Urlaub in der Republik zu machen, mit einem Tagessatz von jeweils 25.- DM, an der Staatsbank in der Friedrichstraße umzutauschen. Dafür mußte der DDR-Bürger bei der Volkspolizei einen Antrag stellen, ihn abholen und per Post ins kapitalistische Ausland schicken.

Man mußte sich umgehend bei der VOPO melden und das Visum samt Bankbestätigung beglaubigen lassen und bekam einen Stempel und – günstigenfalls gleich „Ein- und Ausreise" zusammen – besiegelt. (Dafür wurde immer ein besonderes Schubfach aufgeschlossen, damit das kleine Hoheits-Siegel nicht so offen rumstand). Und damit war man dann berechtigt, für soundsoviele Tage in der DDR sich aufzuhalten (im angegebenen Kreis, bzw. in der angegebenen Stadt, versteht sich). Bei einem Tagesaufenthalt war das nicht ganz so schlimm, denn man bekam kein Faltblatt als Visum, sondern nur ein postkartengroßes Blättchen, das bei Wiederausreise nach Westberlin einbehalten wurde.

Und im Laufe der Zeiten wurde es sogar möglich, um Mitternacht einzureisen, in der Hauptstadt der DDR bei Freunden zu übernachten und erst in der folgenden Nacht kurz vor Mitternacht wieder auszureisen.

Und hieran schließen sich vier Grenzvorfälle an: Eine Begegnung der dritten Art (frei nach Goethe und Erlkönig), der (von mir so genannte) Honnecker-Strip, der Mielke-Zettel und die Stasi-Wachtparade.

Vor der Wende. Mitternacht. Friedrichstraße

Wer hastet so spät durch Nacht und Wind?
Der Alex, der will zur Kerstin geschwind.
Er hat die Papiere wohl im Arm,
er hält sie sicher, er hält sie warm.

Mein Freund, was birgst du so bang dein Gesicht? –
Siehst, Wolfgang, du die Grenztruppen nicht?
Die Grenzertruppen mit Hund und Gewehr? –
Mein Sohn, sei nicht furchtsam. Die kommen nicht her!

Du Westberliner, komm, geh mit mir!
Gar schöne Spiele spiel ich mit dir.
Manch Überraschung im Kämmerlein,
die soll auch dir beschieden sein. –

Ach Wolfgang, ach Wolfgang, und hörest du nicht,
was der Zöller mir dort leise verspricht? –
Sei ruhig, bleibe ruhig, mein Sohn!
Das war die Kontrolle. Nun geh doch schon! –

Willst, feiner Knabe, du mit mir gehn?
Meine Zollkollegen wollen dich sehn,
die Stasigenossen, in nächtlichem Schein,
die prüfen und flöh'n dich, dann lassen se dich rein. –

Mein Wolfgang, mein Wolfgang, und siehst du nicht dort
die Visastelle am düstern Ort? –
Mein Sohn, mein Sohn, ich seh es genau:
Die Paßbeamten in Schiefergrau. –

Ich prüfe dein Paßbild, mich reizt deine schöne Gestalt,
und bist du nicht willig, so brauch ich Gewalt. –
Mein Wolfgang, mein Wolfgang, jetzt blickt er mich an,
der Grenzer hat mir ein Leid getan! –

Dem Wolfgang grauset's. Er geht durch geschwind,
erwartet am Ausgang das ächzende Kind.
Sie erreichen die Straße mit Not und mit Müh',
und Alex zittert bis ein Uhr früh.

Der Honnecker-Strip

Der Strip ging so: Bei der Einreise, dieses Mal früh am Morgen gegen sechs, wurde ich samt Papieren und Gepäck gebeten, den Genossen Zollbeamten in ein Kämmerlein zu folgen, das auf verschlungenen Wegen im Bahnhof Friedrichstraße zu erreichen war. Darin stand ein Waschbecken auf einem Gestell, ein Schreibtisch mit Schreibmaschine darauf, ein Stuhl und eine Leuchte. Eine Birne baumelte an der Decke und beleuchtete die folgende Szene.
Das Gepäck wurde durchwühlt und mit meiner Zollerklärung abgeglichen. Das taten zwei Beamte, dann kam ein dritter ziemlich junger Offizieller und setzte sich hinter die Schreibmaschine, zog ein Formular aus dem Schreibtisch, spannte es ein und harrte dessen, das da kommen sollte. Der eine ging raus, der zweite sagte: Bitte ziehen Sie sich aus und reichen Sie mir die Sachen einzeln rüber! – Ich hatte nichts dabei, was republikverboten gewesen wäre. – (Kurz überlegt...): Nein, diesmal nicht!
Also keiner Schuld bewußt, zog ich (in dieser Reihenfolge) Mütze, Schal, Anorak, Pullover, Schuhe, Hemd aus.
Jedes Mal untersuchte der Beamte sehr sorgfältig Taschen, Nähte, Geheimverstecke, Ausbeulungen, Bommeln u.dergl. und sagte zu dem inzwischen eifrig tippenden Jungspund: Mütze o.B. (gemeint: Ohne Befund), Schal o.B., Anorak o.B. Inhalt: Schlüssel, U-Bahnkarte, Taschentuch, Portemonnaie mit xx DM (deklariert), Würfelzucker (prüft leckend, schmeckt süß), also o.B. Und legte die Sachen auf den einzigen freien Stuhl.
Schuhe (zusammenklopfend, die Absätze mißtrauisch beäugend) o.B.
Inzwischen war ich beim Hemd angelangt (in der Hemdentasche ein Tempo, sonst o.B.!) Wie weiter?
Es war Winter, es war kalt, es war Beton.
Und nun die Socken!
Also, ich muß schon sagen, was soll das denn?
Die Socken bitte, aber schnell!
Socken adee, Beton willkommen, kalt morgens 6 Uhr, schon etwas angesäuert: Socken o.B. Hose!
Hose? Na denn, wenn's den Direktiven des 10. Parteitags entgegenkommt...
Bitte! Und achten Sie besonders auf den Gürtel, ein Geschenk aus Israel.

Ungläubiges, hochblickendes Staunen des tippenden jungen Beamten. Hastiges Beklopfen und Befummeln des Untersuchenden. Beides natürlich o.B.
Unterhemd!
Also wenn die Volkskammer wüßte, was hier abgeht. Und DAFÜR hat Clara Zetkin ihre grundlegenden Gedanken niedergeschrieben?
Der Tippende senkt den Kopf. Der Untersuchende wird hektischer. Uhemd o.B. Uhose!
Seelenruhig zog ich das letzte Hemd – in diesem Falle die Unterhose – von meinem bleichen, bibbernden Leib und reichte sie hinüber mit den Worten:
Dafür also hat Rosa Luxemburg im Gefängnis gesessen, und Karl Liebknecht sein Leben dahingegeben. So also sieht die Stärkung des Sozialismus aus?!?!
Der Tippende läuft rot an. Der Untersuchende wird wütend: Uhose o.B.
Selbstredend, aber er wartet noch.
Da, ein rettender Gedanke:
Bitte ziehen Sie Ihre Vorhaut zurück! – Beugen Sie sich tief und spreizen Sie ihren After auseinander.
Und wo bleibt die Musik? Bei meinem Honneckerstrip?
Der Tippende glüht vor Verlegenheit. Die Maschine rattert noch ein bißchen heftiger.
Körperlich o.B.
Na also, wenn's weiter nichts ist, Herr Oberzollrat?
Endlich: Ziehn Sie sich an! Hier, unterschreiben! Nehmen Sie Ihre Papiere mit!
Da, das Gepäck!
Befehle geblafft, Kleider gekrampft und hastig übergezogen, Gepäck, Papiere in der Faust, abmarschbereit. Mein kurzes „Hoffentlich, auf Nimmer-Wiedersehen!"
Und dann wurde ich über verschlungene enge Gänge wieder in den Strom der Westbesucher eingegliedert. Leider: O.B.! Was hätte man in meinem Kopf noch alles an Zollpflichtigem entdecken können!

Der Mielke-Zettel

Um Mitternacht, an der Friedrichstraße. Kaum Westberliner zur Einreise in die Hauptstadt mit Tagesvisum. Automatisch prüfe ich, wie immer, meine Papiere: Ausweis, Berechtigungsschein (grün), Visum (grauviolett), Zollzettel (weiß und von mir handschriftlich ausgefüllt, die D-Markbeträge und die Mitbringsel als Geschenke).
Alsdann Vorschau eines Beamten am Eingang zur Paßkontrolle, darauf hinein in den Bereich der Passkontrolle im engen Gang mit Spiegel über mir, hellbeleuchtete Scheibe vor mir, Paßbeamter dahinter sitzend, der eifrig irgendwelche Dinge tut, abstempelt, Papiere zusammenschiebt und endlich den Ausweis durch den Schlitz herüberreicht. Schließlich öffnet er mit einem Summer das ersehnte Tor zum Sozialismus und entläßt mich in die Niederungen des Zolls.
Automatisch prüfe ich die Papiere: alles da – Doch was ist das? Ein vierter Zettel: Graublau, mit Füller unterschrieben: „Mielke" – Ein großer Schreck! Ich halte ein „Visum zur ständigen Ein- und Ausreise an allen Grenzkontrollstellen der DDR" in den Händen, mit Prägestempel Hammer-Sichel-Ährenkranz: Namenslos, fassungslos... Was tun? Verschwinden lassen? Einem DDR-Freund schenken? Selber benutzen? Eine Falle? Eine Fälschung? Tausend und ein Gedanke schießen mir durch den Kopf.
Eine Falle, also Augen zu und durch:
Entschuldigung, Herr Zollbeamter, ich habe gerade einen Zettel gekriegt, der mir nicht gehört...
Hastiges Auseinanderbreiten der Unterlagen auf dem Zollpult, inzwischen habe ich meinen Plastikbeutel mit Geschenken da abgestellt, wo er geprüft werden soll.
Alarmknopf! Tröööt!
Aufgeschrecktes Hochschauen der Reisenden hinter mir. Hastig kommt einer mit vielen Pickeln auf der Achselklappe, beschaut sich den Vorgang, beschaut mich, stürzt davon, holt einen mit noch viel mehr Pickeln auf der Achsel, beide beschauen das Papier. Atemlose Spannung, endlich die Frage des Obersten: Aus welchem Zugang sind Sie gekommen?
Ich wies auf Tor 16, woraus ich gerade gekommen war. Der Oberst den Zettel in der Faust eilt von dannen. Wütendes Gebummer gegen die Tür von Kabine 16, Türknall, endloses (leider unverständliches) Gebrüll in Schalter 16. Türknall.
Oberst ohne Zettel zum Zoll zurück, schiebt wortlos meine Papiere in meinen Ausweis zusammen, überreicht ihn mir, quetscht ein „Danke" heraus und salutiert. !**Salutiert**! Ich packe meinen Plastikbeutel und gehe. Natürlich, ganz ohne Zollkontrolle! Und das soll mir tatsächlich so passiert sein?
Ja, denn jetzt salutieren auch noch die bewaffneten Wachtleute an der Blechtür zum Ausgang, die den ganzen Vorfall beobachten konnten. O, ist mir das peinlich...

Im Weggehen drehe ich mich kurz um, der Oberst ist weg, die Zollbeamten kontrollieren wieder bienenfleißig ihre Westbesucher. Und ich bin um einen Mielke-Zettel ärmer, aber dennoch irgendwie erleichtert.

Die Stasi-Wachtparade

Um Mitternacht, an der Friedrichstraße. Zu einer anderen Jahreszeit. Kaum Westberliner zur Einreise in die Hauptstadt unterwegs. Die Bahnhofshalle hinter besagter Blechtür fast leer, der Bahnhofsvorplatz ohne Leute, nur die Staatsbankschalter blinken in der Ferne (wo ich mein Begrüßungsgeld gegen Devisen abholen muß).
Ausgang in die Friedrichstraße, fast ganz ohne Publikum, bis hin zum Oranienburger Tor. Ich war zu meinen Freunden in der Auguststraße unterwegs, die vom Oranienburger Tor abzweigt.
Nun ein kleiner Einschub: Auguststraße und Linienstraße nördlich davon sind parallele Straßen zueinander. Die Auguststraße ist auch am Tage wenig von Autos belebt, die Linienstr. ist dagegen als Durchgangsstraße stärker befahren. Die Auguststraße ist sehr sparsam beleuchtet, die Linienstraße nicht minder. Zwischen beiden Straßen finden sich Häuserblocks mit großen Toren und Höfen dahinter, Kleinindustrie-Anlagen aus dem vorvorigen Jahrhundert, und manche Häusern sehnen sich seit der Kaiserzeit nach einer Renovierung, aber vergeblich.
Ich auf dem einsamen Weg zur Auguststraße, kurz nach Mitternacht. Plötzlich höre ich Schritte hinter mir. Zwei Personen in hellen Anoraks, keine Angst, mein Herz, es sind meine persönlichen Betreuer von der Stasi, abgestellt zur Erkundung dessen, was ich Klassenfeind so Klassenfeindliches in der DDR tue. Was tun? Schneller gehen? Sie gehen auch schneller. Langsamer? Sie schleichen in gebührendem Abstand auch langsamer. Gar nicht drum kümmern? Das geht nicht, denn bestimmt haben sie bemerkt, daß Du sie bemerkt hast, also Leugnen geht gleich gar nicht. Demonstratives langsames Umdrehen und Hinstarren? Manchmal hilft das, aber nicht in der stockdunklen Auguststraße. Da, endlich ein Einfall, ein Entschluß!

Zielstrebig gehe ich linker Hand mit lauten Schritten auf ein Tor zu – hoffentlich ist es nicht abgeschlossen! – schleiche durch den Hof, dann durch ein Zwischengebäude, einen zweiten Hof, einen weiteren Zwischentrakt, ein Tor und stehe auf der Linienstraße. Dieser Straße folge ich ein Stück, an der Hamburger Str. biege ich um, zurück zur Auguststraße, und gehe zielstrebig zu der Wohnung meines Freundes.

In der Ferne sehe ich die beiden hellen Anoraks, die sich tatsächlich links und rechts vom Tor postiert haben, durch das ich ihnen gerade entwischt bin. Vermutlich haben sie nach drei Stunden die Observation eingestellt und mußten einen Bericht schreiben, wieso sie den Meisterspion aus dem Westen einfach so aus den Augen verlieren konnten, um Mitternacht, in der menschenleeren Auguststraße.

Der Meisterspion

Aber das war nicht der einzige Fall, wo ich mich den Freunden mit den freundlichen Anoraks entzogen habe.

Ich erinnere mich an einen ebenso aufregenden wie aufschlußreichen Museumsbesuch im Pergamonmuseum. Seit Blechtüren-Ausgang im Bahnhof Friedrichstraße am hellerlichten Tag folgten mir die beiden „unerkannt" den S-Bahn-Bögen entlang bis zum Pergamonmuseum, wo ich beruflich etwas zu erledigen hatte. Der Pavillon am Haupteingang besaß damals ein paar bequeme Sessel, dort ließen sie sich nieder, während ich im Museum meinen Geschäften in der Papyrusabteilung nachging. Bloß, wie sie loswerden? Ich dachte hin und her, schließlich kam mir ein Gedanke: Damals hatte das Museum noch einen Seitenausgang an der Antikenabteilung, wo früher das Museumskaffee gelegen war.

Nach Beendigung stürmte ich also durch die Antike Richtung Museumskaffee, mischte mich unter eine Gruppe, die gerade ins Kaffee gehen wollte, sah von

weitem die beiden Anoraks immer noch in den Sesseln fletzen und schob über die tieferliegende Brücke ungesehen ab in den stasifreien Teil der Hauptstadt.
Auch hier mußten die beiden bestimmt einen Bericht schreiben, wieso sie den Meisterspion aus dem Westen aus den Augen verloren hatten. –
Ein anderer Fall: In der relativ einsamen Swinemünder Straße stellte ich fest, daß zwei Anoraks mich fest im Blick hatten und mir nachfolgten wie die Apostel dem Jesus. Ich war auf dem Wege zur Wohnung meines Freundes in der Wolliner Str., der Parallelstraße und zwar in unmittelbarer Nähe der Grenze. Also höchst gefährlich! Und gefährdet zugleich.
Was tun? Als geübter Meisterspion hatte ich natürlich eine Straßenbahnfahrkarte (bis Zionskirchplatz) einstecken, die nun durch mein Fahren dorthin erledigt war. Schnell und entschlossen blieb ich stehen, zückte meinen Kugelschreiber, schrieb auf die leere Rückseite in koptischen Buchstaben „enemeneminkmank" an der Hauswand und blickte mich verschwörerisch nach allen Seiten um. Sodann warf ich die Karte in einen dort bereitstehenden, ziemlich vollen Papierkorb und trollte mich langsam weiter.
An der nächsten Ecke, Rheinsbergerstr., blickte ich mich verstohlen um, ehe ich umbog, und sah, wie die beiden Anoraks äußerstes Interesse für einen ziemlich vollen Papierkorb bekundeten. Natürlich auf der Suche meines Geheimdossiers... Und das mußte dann in der Zentrale der Normannenstraße auch noch übersetzt werden! –
Wieder ein anderer Fall: Der hätte auch schief gehen können, aber Gottes und der Stasi Wege sind unerfindlich. Ich war zu einem Spreewaldurlaub von meinen Freund Günther eingeladen worden, wir planten eine Zelttour im Spreewald von Lübbenau, er besorgte Zelt und Bier, ich Konserven für 14 Tage, er hatte einen Kahn, wir waren also ungebunden. Gegen 8,15 Uhr stieg ich aus dem Zug, samt Visum und Tasche, Günther wartete am Bahnhof mit einem Anhänger für Zelt, Zeug und Tasche, wir zogen los, zur Polizei, um mich An- und Abzumelden, hievten dann den Anhänger auf den Kahn und weg waren wir: Verschollen in der Wildnis des Spreewalds.
Nicht jedoch für die ‚Firma', die sich unentwegt um mich bemühte. Am Nachmittag selbigen Tages klopften zwei freundliche Leute an die Türen der Nachbarn im Hausaufgang Günthers und fragten, ob sie wüßten, wo Günther geblieben sei. Sie verneinten und sagten, er hätte Urlaub. Sie fragten im Werk nach, wo Günther beschäftigt war: Günther hat Urlaub. Sie fragten spät nachmittags die Kahnfährleute, ob sie Günther gesehen? Nein, hätten sie nicht, aber wenn der Kahn weg ist, ist er nicht hier. Da wurden sie stutzig. Am nächsten Morgen fragten sie die gesamte Kahnfährmannschaft: Nein, keiner wußte, wo Günther war. Das war zu vertrackt. Also fragten sie die Förster vom Hochwald: Ob sie Günther gesehen? Nein, das war auch nicht der Fall, man würde aber die Augen offenhalten...
Wir dagegen zelteten an einem der schönsten Plätze im Spreewald und ließen es uns 14 Tag gut gehen. Vor allem, wir wußten nichts von den verschiedenen Umtrieben, die ‚die Firma' unternommen hatte, um uns zu finden.

Eine Möglichkeit bestand ja noch: Man wußte doch immerhin, daß ich am 14. Tag wieder in Berlin, Friedrichstraße ausreisen (vielleicht hätte ich besser geschrieben: Ausreißen) mußte. Und was geschah? Pünktlich 20,15 Uhr landeten wir den Kahn an, hoben den Hänger heraus und fuhren zum Bahnhof, wo ich fahrplanmäßig gen Berlin abdampfte. Ich wußte immer noch nichts von meinem Glück, so gefragt und so gesucht zu sein. Und bin dann gegen Mitternacht planmäßig und zeitgerecht ausgereist – diesmal sogar ohne mitgebrachte Waren oder Geschenke, nur mit dreckiger Wäsche beladen.

Der arme, geplagte Günther hat mir das Ganze dann hinterher geschrieben, wie er von den Nachbarn, den Kahnfährleuten, den Jägern und den Brigadekollegen angehauen wurde, wo er denn die ganzen 14 Tage gewesen sei, weil doch da immer zwei Leute nachfragen kamen. Bestimmt haben sie auch die Vopos befragt, die dann achselzuckend versicherten, mit meinen Papieren sei alles in Ordnung gewesen. Sie hatten sogar – der Bahnhofsvorsteher hat's verraten – nach Berlin zur Grenze telefoniert, dort aber keinen Anschluß bekommen.

So bin ich um Mitternacht an der Friedrichstraße um ein spannendes Verhör herum-gekommen: Über mein plötzliches und unerwartetes Verschwinden und spurloses Abtauchen in der DDR. So was war eben nur im Spreewald möglich, am schönsten Zeltplatz der Republik. –

Reisen, unterwegs sein durch das Land.
Die Sommerfelder riechen schon nach Brot.
Die Ähren reib ich aus in meiner Hand,
und an den Wegen blüht es gelb und rot.
Ich möchte Dörfer finden, wo ich noch nicht war,
möchte jedem Menschen in die Augen sehn
und Blumen haben jeden Tag im Jahr,
und alle Wege bis zu Ende gehen.

Unser Land begreifen,
es beim Namen nennen
und als meins erkennen,
täglich mit ihm reifen. [1]

Undercover

Ein heiterer Zwischenfall ereignete sich in Friedrichshain, in der Eberty-Straße. Lange vor der Wende im Jahr 1980 ging mein Ostberliner Freund mit mir dort in ein Antiquariat, das er schon länger kannte und das neben Büchern auch Schallplatten, Partituren und Noten verkaufte, zu modesten Preisen. Ich kam mit dem netten Antiquar ins Gespräch, da ich speziell Noten und Platten von Edvard Grieg kaufen wollte und hier eine Gelegenheit sah, meinen Zwangsumtausch sinnvoll anzulegen. Ich ging immer mal wieder in den Laden, vor der Wende, während der Wende, nach der Wende und machte das Antiquariat auch bei meinen Westberliner Freunden bekannt und beliebt. Der Kontakt zu dem Antiquar gestaltete sich herzlich, er legte manchmal für mich Bücher oder Noten zurück, und schickte mir (nach der Wende) auch regelmäßig seine Kataloge. So weit, so günstig.

Eines schönen Nachmittags begleitete mich ein Freund dorthin, wir drei kamen über alte Zeiten ins Gespräch, und plötzlich erwähnte mein Freund beiläufig, an mich gewandt: 1987? Da warst du doch in Neukölln.

---

[1] AR Armeerundschau Soldatenmagazin 10/89, 36

Dem Antiquar verrutschten die Gesichtszüge. Verdutzt, ja beinahe erschrocken fragte er: In Neukölln? Dann sind Sie also Westberliner??
Was ich mit einem lächelnden Kopfnicken nur bestätigen konnte.
Der gute Mensch hatte mich fast zwei Jahrzehnte lang für einen waschechten Ossi gehalten...

Der Münzkatalog

Wieder ein anderer Fall: Zuvor eine wichtige Zoll-Information: In der DDR war es strikt untersagt, Münzkataloge mit Preisangaben als Geschenk mitzubringen, warum auch immer. Das war sogar mir geläufig. Aber nun zum Geschehen:
Ich hatte in Freiburg/Br. einen Münzkatalog für römische Münzen erarbeitet und wollte diesen Katalog dem Dresdener Antikenmuseum zum Dank für seine Bemühungen mitbringen. Ich wollte die ägyptische Abteilung dieses Museums sehen und hatte brieflich meine Ankunft angekündigt. So nahm ich die Einladung eines Dresdener Freundes an, packte meinen Katalog ein, schritt an der Friedrichstraße zum Zoll und harrte der Dinge, die da kommen sollten. Natürlich: Der Münzkatalog! Ich beteuerte, daß der Katalog fürs Museum bestimmt war, zeigte den Museumsbrief, weswegen ich nach Dresden reisen wollte, und beteuerte, daß sonst keiner den Katalog zu Gesicht bekäme. Knurrend gab man mir eine Sondererlaubnis, die ich jedoch vom Museum abstempeln lassen sollte, denn ohne diesen Schein usw. usw. Frohgemut fuhr ich dann nach Dresden zu meinem Freund.
Da klingelte es nachmittags an der Wohnungstür. Wir hätten da die Klärung eines Sachverhaltes, meinten zwei Leute. Ich schaute fragend auf Bernd, der nickte. Also keine schlimmen Sachen! So kam ich dann im Treppenhaus in den Genuß der heimlichen Mitteilung: Den Katalog müssen Sie aber mitnehmen.
Ich wieder nach oben, den Katalog geholt, Bernd fragenden Blicken ausgewichen und mit dem Auto ab zur Zentrale. Immerhin gab's da Kaffee und Kuchen und das indizierte Objekt ihrer Begierde lag zwischen uns.

Man eröffnete mir, daß eine Einfuhr von Münzkatalogen mit Preisangaben strikt verboten sei, selbst wenn ich den Katalog nur dem Museum übereignen wollte, und ich nickte und betonte, so sei mir auch schon an der Grenze mitgeteilt worden. Und ich wolle den Katalog niemandem zeigen, und nur dem Direkter persönlich in die Hand ausliefern. Und hätte ja auch das Zolldokument beglaubigt und gestempelt wieder abzugeben. So weit, so gut.

Ich schlug den Katalog römischer Münzen auf, wies auf eine Seite hin:

Münze 16 (angeblicher Preis) Ae 1028; Münze 17 (angeblicher Preis) Ae 1029; Münze 18 (angeblicher Preis) Ae 1030...

Meine Frage: Ist es nicht seltsam, daß jede Münze eine Mark teurer ist als die vorige? Münze 19 müßte dann 1031 DM kosten – stimmt's?

Man prüfte sorgfältig, man staunte und wunderte sich: Ein sonderbares Preissystem. Aber im Kapitalismus weiß man ja nie...

- Und Münze 20 sollte 1032 Mark wert sein?

Man schaute nach und stellte fest, ja, so war es. Und grübelte... Bis man herausfand, daß es sich ja gar nicht um Preise handeln könnte, sondern: Es waren die Bestandsnummern des Museums.

Entwarnung! Der Münzkatalog hatte keine Preise, wohl aber Inventarnummern. So hatte sich der Sachverhalt zur Zufriedenheit aller geklärt. Der Katalog war freigegeben.

Dem Direktor bin ich dann noch ziemlich auf die Nerven gegangen mit meiner Bescheinigung, die er persönlich unterschreiben mußte – weil ich doch von der Firma eigens wegen dieses Kataloges und seiner Preise verhört worden war. Und an der Zollstelle schließlich gab ich nur den Zettel ab. Und meinen Freund Bernd konnte ich sofort aufklären, warum ich so geheimnisvoll getan hatte mit meinem Münzkatalog.

Unter Verdacht

In meinem Berliner (gemeint Ost-) Freundeskreis gab es die vage Vermutung, einer von unseren Beteiligten sei bei der ‚Firma' beschäftigt, um die Treffen – insbesondere mit mir als Westbesuch – konspirativ zu belauschen. Wir wußten nur nicht: wer. Also ging es darum, doppelt konspirativ vorzugehen. Ich muß dazu vorausschicken, daß mein Freund Zugang zu einem privaten Telefon hatte, also von Westen her telefonisch erreicht werden konnte (umgekehrt war es schon viel schwieriger). Darauf stützte sich unser Plan:
Wir kauften für ihn eine koptische Grammatik, die gleiche, die ich hatte, und mein Freund lernte die Buchstaben, die er vom Russischen her ja schon zumeist kannte, sehr schnell auswendig. Dann übten wir Lesen, und es ging rasch von der Hand. Wir verabredeten einen „konspirativen" Anruf, ohne daß ein Dritter davon etwas ahnte: In der koptischen Grammatik einen bestimmten Paragraphen.
Eines schönen Nachmittags telefonierte ich mit meinem Freund und bekam auch nach einiger Kurbelei Verbindung in die Hauptstadt der DDR. Wörtlich:
Hallo? Bist du's? Hier Wolfgang.
Ja, was gibt's?
Du, ich bin auf eine ganz wichtige Sache gestoßen: Stell dir vor, Seite 161, 319 *enterefkô de ebol empmä'äsche...*
Ach so, dann *afale ehrai edschemptoou.*
Und wie geht's sonst?
Na gut, wie immer, bis bald!
Bis bald, Tschüß!
- Ende des Telefonats.
Ende der Affäre? Mitnichten!
Etwa eine Woche später fragte jemand meinen Freund, unvermittelt und ziemlich überraschend: Was heißt eigentlich *afale ehrai*?
Also dieser jemand hatte unser Telefon mitgehört (daß es ständig in den Leitungen geknackt hatte, war man als versierter Ost-Telefonierer ja gewöhnt) und hatte versucht, die Sprache zu erkennen und den Inhalt zu analysieren.
Mein Freund, scheinheilig: Wie kommst du denn darauf?
Er schon etwas umgänglicher: Na ja, ich denke, du lernst Koptisch?
Damit war die Bombe geplatzt, denn daß mein Freund Koptisch lernt, hat er niemandem erzählt. Also hatten wir unsere undichte Stelle im Freundeskreis ermittelt und konnten uns entsprechend darauf einstellen, unter dem Siegel der Verschwiegenheit natürlich.
In Agentenkreisen nennt man so etwas „Anfüttern".

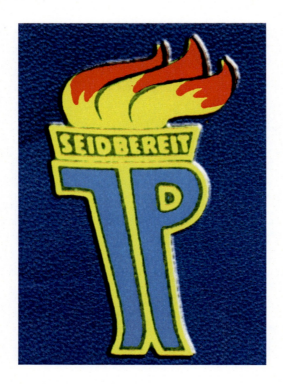

Schulung der Jungen Pioniere

                         Was ist sozialistische Schulung?
                         Rotlichtbestrahlung ohne
                         Tiefenwirkung.

Mein Freund Günther hatte mich mal wieder für eine Woche zu einem Urlaub nach Lübbenau eingeladen. Dieses Mal wollten wir nur baden, ein bißchen Kahnfahren, dieses Mal nicht zelten. So fuhr ich frohen Mutes dorthin, Günther holte mich ab, wir aßen Mittagessen und besprachen, was wir so alles unternehmen wollten.

Da klingelte es an der Wohnungstür: zwei freundliche Herren baten mich, mitzukommen, dieses Mal **nicht** zur Klärung eines Sachverhaltes. Ich schaute Günther an, er nickte, und ich war im Bilde: Es handelte sich um eine Aussprache, im Volksmund genannt „Rotlicht-bestrahlung von Westlern", d.h. politische Agitation vor geladenen Gästen. Im Sinne des Sozialismus. Also überhaupt nichts Schlimmes.

Günther begleitete mich zum Kulturhaus, da fand die Besprechung statt. Er blieb vor der Tür auf einer Bank sitzen und begann zu rauchen. Er wußte auch, so eine Aussprache dauert etwa eine dreiviertel Stunde. Es ging – natürlich – um den Fortschritt im Sozialismus, der im Vergleich zum Kapitalismus ja stets ein wenig zu kurz kam.

Und nun ein Umstand zum Verständnis des Ganzen: Es gibt da eine Fundamental-Schrift, die im sozialistischen Lager zwar bekannt, aber nicht unbedingt erwünscht war und daher kaum gelesen worden ist. Es handelt sich um „Friedrich Engels: Über den Ursprung der Familie, des Privateigentums und des Staates. 1884":

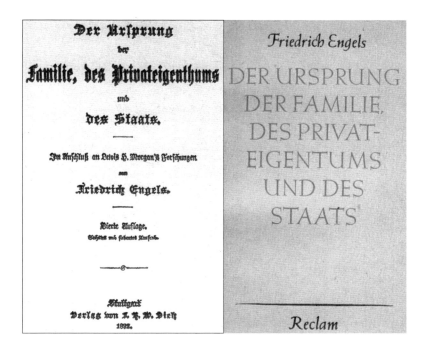

Sie ist so lang, so komisch und fabuliert u.a. von den paradiesischen Zuständen der Tobriand-Insulaner, die auf dem Wege von der Urgesellschaft zur gehobenen Klassengesellschaft usw. usf. - Wie gesagt, so lang, so komisch, so verrucht, denn immerhin spricht sie ja auch von Sexualität, die bei den Tobriandern so, na ja, äh, freizügig abgehandelt wird, teils ja auch gerade deswegen lustig, weil Engels zugegebenerweise niemals dort war. Man erwartet dergleichen jedenfalls nicht in der Bibliothek eines aufrechten Sozialisten, und in der Parteibibliothek gleich gar nicht.
Doch ausgerechnet diese Schrift hatte ich gelesen...
Eingeführt wurde ich in einen erlauchten Kreis. Auf dem Podium saßen da: ein Parteisekretär, eine Dame der Jungen Pioniere, ein FDJ – Sekretär, ein Kreissekretär und zwei andere Kulturschaffende mit für mich unklarer Bestimmung. Ich als westliches Weltkind in der Mitten direkt vor ihnen. Kaffee und Kuchen standen bereit. Die Aussprache konnte beginnen. Nach kurzer Vorstellung begann sie also:
Herr Kosack, wir wissen, daß Sie seit längerem die Stadt Lübbenau und auch andere Gegenden der DDR besuchen, wie schätzen Sie die sozialen Errungenschaften unserer Republik ein?
Sie meinen das Neubaugebiet von Neu-Lübbenau?
Ja, das auch. Wie betrachten Sie die enormen Anstrengungen, die wir unternommen haben, um unser Programm des sozialistischen Wohnungsbaus vorfristig zu erfüllen? Haben Sie dazu eigene Gedanken entwickelt?
Ja, ich glaube schon. Sehen Sie, die Neubauten von Neulübbenau entsprechen meiner Meinung nach eher der kleinbürgerlichen Vorstellung eines verflossenen Zeitalters und sind nicht nach den Ideen konzipiert, die Friedrich Engels in seiner grundlegenden Schrift „Über den Ursprung der Familie" entwickelt hat. Diese kleinen Zwei- und Dreizimmerwohnungen entsprechen so gar nicht den fortschrittlichen Ideen, die er darin darstellt. Es geht nicht um Klein-Klein, es geht doch um den Sozialismus und, darauf aufbauend, um den Kommu-nismus. Sie kennen doch diese Schrift „Über den Ursprung der Familie" ??
Schweigendes Nicken der Beteiligten. Fragendes Schauen des Parteisekretärs nach Links, nach Rechts.
Ich meine, der Übergang von der Urgesellschaft zur entwickelten kommunistischen Gesell-schaft, die Engels bei den Tobriand-Insulanern mustergültig geschildert hat, also da ist noch eine Menge zu tun: auch und vor allem in der Kinder- und Jugenderziehung, so sollten Ganztagsschulen für Sie kein Fremdwort sein, nur sehe ich sie nirgends entwickelt. Im Gegenteil, die Neubauten sind so schlecht konzipiert, daß sie den sozialistischen Ideen von Engels geradezu zuwiderlaufen. Also wenn ich da die Schlafsäle... und die gemeinsamen anderen Einrichtungen... erwähnen möchte ich auch...
Aufgeregtes Getuschel hinter der Tribüne. Der Parteisekretär mit der Jung-Pionier-Leiterin, der Kreissekretär mit seinem Nachbarn. Feierliche Stille, als mein Sermon versickert und erstirbt.
Ein Ruck geht durch die Reihe, der Parteisekretär erhebt sich:

Herr Kosack, wir wußten ja gar nicht, daß es im Westen so aufgeklärte Wissenschaftler gibt, die mit einfühlsamen Blick die Anliegen des Sozialismus theoretisch durchdringen...
Ich nicke geschmeichelt (es war ja auch die einzige Fundamentalschrift, die ich je gelesen hatte) und sinnierte weiter:
Auch die sexuellen Fragen sind im Kommunismus kein Problem mehr und werden gelöst, so schreibt Engels, und die Wirklichkeit gibt ihm vermutlich recht. Aber wenn ich mir diese Frage mit der derzeitigen Wohnungslage und dem Angebot an Möglichkeiten stelle, dann freilich... Also da GIBT es ein Problem!
Verständnisvolles Nicken in der Runde. Ob ich noch weiter referiere? Ich falle erst einmal über meinen Kuchen her und nippe bescheiden an meinem Kaffee.
Andächtige Stille. Wieder ein Ruck. Die Jung-Pionier-Leiterin erhebt sich:
Also, Herr Kosack, Sie stellen die Ideen des Sozialismus so lebendig dar und durchdringen das Theoretische so anschaulich... was meinen Sie: Können Sie nicht einen Nachmittag eine Stunde für unsere Jungen Pioniere erübrigen, um ihnen aus Ihrer Sicht die Lage dieser Dinge zu schildern?
Herzlich gern, aber dazu benötige ich einige Vorbereitungen, denn gerade bei Jungen Pionieren muß ich ja auf Fragen gefaßt sein, die über das Parteienübliche hinausgehen. Und außerdem, ich muß Ihnen die Schrift zeigen können, auf die ich mich dabei berufe. Sie haben sie doch in Ihrer Parteibibliothek?
(Das war perfide, ich wußte, sie hatten sie nicht!)
Ich glaube nicht. (An ihren Nachbarn gewandt) Ist sie vielleicht bei Ihnen? (Kopfschütteln). Aber man könnte sie ja vielleicht aus Berlin kommen lassen...
Das ist nicht nötig, ich habe sie zuhause als Reklamheft, aber eben nicht hier in Lübbenau. Und ich bin hier gerade in Urlaub, wie sie wissen. Also, nächstes Mal vielleicht...
Freundliches Händeschütteln, freundliche Verabschiedung, der Kuchen war inzwischen auch alle und der Kaffee kalt.
Im Husch nach draußen. Dort Günther auf seiner Bank:
Was ist passiert? Du warst ja kaum zehn Minuten drin? Das dauert doch sonst mindestens eine Stunde?
Komm ein bißchen von hier weg! Also: Ich wurde eingeladen, den Jungen Pionieren in einem Schulungsnachmittag etwas von dem Ursprung der Familie zu erzählen.
Du? Das glaub ich nicht!
Doch, das ist die reine Wahrheit, und nichts als die Wahrheit.
Wenn es dazu gekommen wäre, hätte ich natürlich die sexuellen Höhepunkte besonders gern herausgegriffen, um den Sozialismus anschaulich und spannend zu gestalten, aber leider ist es zu dieser Schulungsstunde nicht mehr gekommen.
Freilich, seit dieser Aussprache hatte ich als „fortschrittlicher westlicher Wissenschaftler" irgendein geheimes Erkennungszeichen an mir, in mir oder um mich herum, das mir bei vielen sozialistischen Schwierigkeiten geholfen hat.

Entdeckungen behalt ich nicht für mich.
Ich bleibe nirgendwo und nie allein.
Was ich verspreche, dazu stehe ich,
und was ich tue, das soll nützlich sein.
Ich schau das Land mir oft von Türmen an
und freue mich, wenn ich was Neues seh.
Ich bin dabei, wo ich dabeisein kann,
und was uns nicht gelingt, das tut mir weh.

Unser Land begreifen,
es beim Namen nennen,
und als meins erkennen,
täglich mit ihm reifen... [2]

---

[2] AR Armeerundschau Soldatenmagazin 10/89, 36

Mein Ausflug zu Müntzer

Ich war eingeladen in den Harz, kleiner Kreis: Bürgermeister, Kunst- oder Kulturschaffender, Parteisekretär, ein Freund und meine Wenigkeit. Wir saßen in Werningerode im trauten Verein unter freiem Himmel auf der Veranda, ließen den Abend hereindämmern und labten uns an Bieren und Schnäpsen und dem etwas altbackenen Knabberzeug. Und wie es dann so geht, ein Wort gab das andere. Vor allem über Westprobleme aus der Ostsicht (oder andersherum). Und ich mußte Rede und Antwort stehen: es war wieder so eine Art Rotlichtbestrahlung – wegen des Parteisekretärs und des dabeisitzenden Kulturbonzen. Mir ging das ideologische Geschwurbel zunehmend auf die Nerven, da ich mich ständig in Verteidigungsstellung befand und nach Erklärungen suchte oder Einsichten entkräften mußte oder falsche Vorstellungen richtig zu rücken hatte.
Also, Angriff! Und zwar auf ganzer Linie. Und das ging so:
Nun war gerade das Thomas-Müntzer-Jahr ausgerufen worden, mit Sonderausstellung im Zeughaus unter den Linden, mit vielen Feiern und Veranstaltungen, darunter dem Riesen-Wandgemälde von Tübke (was nicht rechtzeitig fertig wurde, oh Jammer!) und bla und bla. Und einer Müntzeroper, einem Müntzerdenkmal, einem Ottilie-Müntzer-Roman, dem Faskimile einer Müntzerhandschrift und bestimmt auch einem Mokkalöffel, aus dessen Laffe Müntzer lächelte, wenn man seinen Kaffee umrührte. Als frühbürgerlicher Revolutionär war Münzer damals in der DDR nicht zu toppen, weshalb ich den Lauf des Gespräches auf diesen Helden richtete.

Also, ich habe mich hier im Buchhandel in Wernigerode ein wenig umgeschaut, aber im Müntzerjahr habe ich außer einer Geschichte über Müntzer von 1983 **kein einziges Werk von ihm selbst** gefunden. Es ist doch eigentlich seltsam, daß hier in der DDR von diesem frühbürgerlichen Revolutionär nichts im Buchhandel zu kriegen ist.
Na ja, wir sind in Vorbereitung. Und wissen Sie, die Papierzuteilung... Die große Ausstellung ist ja noch nicht eröffnet, und der Katalog wird zuerst in Berlin angeboten, ehe er hierher kommt...
Nein, ich meine nicht den Katalog, ich meine eine Originalschrift. Von ihm selber verfaßt. Wenigstens als Abdruck. Gibt es das nicht?
(Verlegen auf dem Stuhl rutschend) Nein, das gibt es nicht...
(Bürgermeister tritt mir ans Schienbein und flüsterte verstohlen: Gib's ihm! Gib's ihm!)
Ja warum denn nicht? Wo er doch ein so bedeutender Revolutionär ist? Friedrich Engels hat ihm doch sehr viele Kapitel in seinem „Deutschen Bauernkrieg" gewidmet. Also ich muß schon sagen, wenigstens die Fürstenpredigt sollte doch allen zugänglich sein! Zumindest für diejenigen, die sich dafür interessieren.
(Noch verlegener) Also, im Antiquariat ist vielleicht...
Ich meine nicht antiquarisch, ich meine hier und jetzt. Wenn ich da an meine Buchhandlung in Westberlin denke, da gehe ich hin, und schwupps...
(Kulturschaffender, neugierig) Was? Die haben Müntzers Schriften? Drüben feiern die doch kein Müntzerjahr!
(Bürgermeister flüsternd: Gib's ihnen! Gib's ihnen!)
Ich meine das so: Ich gehe in die Buchhandlung, verlange Fürstenpredigt von Thomas Müntzer, und entweder zieht der Buchhändler sofort das Reclamheft aus dem Regal, weil er's vorrätig hat, oder er bestellt es für mich bei Libri, und es ist am anderen Tage da. Und da es ein Reclamheft ist, kostet es nur maximal 3 DM, es geht nach Umfang des Heftes. Sie haben doch auch Reclam hier in Leipzig?
Ja, schon, aber...
Ich hatte mir schon als Schüler die Fürstenpredigt gekauft. Es gibt auch eine etwas teurere Gesamtausgabe der Schriften, die kostet etwa 20 Mark. Warum gibt's so etwas hier nicht?
(Kulturschaffender, verknautscht) Vielleicht liegt es an den Lizenzen?
Quatsch! Lizenzen! Der ist doch längst tot, den kann doch jeder nachdrucken, der ein altes Exemplar hat. Aber darum geht es gar nicht, es geht auch um das sog. Prager Manifest und die Ausgetrückte Entplößung, alles revolutionäre Schriften.
(Noch verknautschter) Die sind doch in unverständlichem Deutsch geschrieben, richtig mittelalterlich.
Na, dann kann man's doch übersetzen. Müntzer meinte: Nuhn dran! dran! dran! Es ist zeyt, die boswichter seint frey vorzagt wie die hund. (hier habe ich es

textgetreu abgeschrieben, im Gespräch habe ich das Müntzerwort frei aus dem Kopf zitiert)
Warten wir doch erst den Katalog ab...
(Das Gespräch wendet sich nun ersprießlicheren Dingen zu, so z.B. dem Abendbrot)
Die Ausstellung hat in den letzten Monaten der DDR stattgefunden und großen Anklang gefunden. Die Schriften sind dann beim Union Verlag Berlin mit fast einem Jahr Verspätung 1990 herausgekommen. Doch da war die revolutionäre Gesinnung der Sozialistischen Einheitspartei Deutschlands bereits Geschichte, und das Müntzerjahr hat keinen Schwanz mehr interessiert. Ich erinnere mich noch, daß in einem aufgelassenen Bücherlager im Süden von Berlin an der Autobahn ganze Paletten von Ottilie-Müntzer-Romanen herumlagen, die nicht mal für Fünf Pfennig pro Stück verkauft werden konnten.

Gorbis Besuch

Unter anderem war ich einer von den allerwenigsten, meines Wissens waren es nur 9 Berliner insgesamt, die am 4. Oktober 1989 um Mitternacht im Grenzübergang Friedrichstraße einreisen durften, als für Westberliner willkürlich eine vollständige Einreisesperre verhängt wurde und sich Hunderte vor dem Eingang drängten und abgewiesen wurden, obwohl sie gültige Visen ihr Eigen nannten.
Dementsprechend war die unbedingt notwendige Polizeiliche An- und Abmeldung schwierig, denn während des Besuches Gorbatschoffs habe ich am frühen Morgen Panzer an allen wichtigen Straßenkreuzungen der Innenstadt von Berlin gesehen, an allen Plätzen jeweils einer. Ich war wegen Meldepflicht nacheinander auf mehreren Polizeistationen, sah im Gang ganze Berge von Waffen und Munition und mancherlei verstörte Vopos und wurde zur An- und Abmeldung immer weiter von einer Dienststelle zur nächsten geschickt, auch in

die Zentrale (die völlig dicht und kriegsmäßig verrammelt war). Schließlich fand sich eine getarnte Nebenstelle in der Swinemünder Str., die meine Formalien erledigte und nicht von Waffen starrte. Sie stempelte mein Dokument auf einer Umhängetasche, wie sie sonst nur die Bahnbeamten im Interzonenzug benutzten, und hatte sogar ihr Dienstsiegel offen herum-liegen!

Am Abend dann war Demonstration vor dem Palast der Republik. Auch auf der Schönhauser Allee. Anläßlich des 40. Geburtstages der DDR gab der Genosse Erich Honnecker in seinem „Lampenladen" ein Festbankett zu Ehren des russischen Gastes Michail Gorbatschoff und seiner Gattin. Die Brücke am Dom war dicht und voller Demonstranten. Vergeblich versuchten Vopos und andere Kräfte der Sicherheit, die Demonstranten von der Straße zu drängen, um Platz für die anfahrenden Staatswolgas zu schaffen. Sie schafften es nur, die Menschenmassen in den Park abzudrängen, der hinter dem Palast sich erstreckte, dazwischen der Spreearm. Laute Rufe ertönten: Gorbi! Gorbi! Honnecker samt Gattin Margot und mit seinem Gefolge waren unbemerkt durch den unterirdischen Gang in den Palast gelangt, der sich vom Staatsratsgebäude zum Palast erstreckte, die anderen Bonzen mußten im Schrittempo durch die aufgebrachte Menge fahren, und wo die Luxuskarossen stecken blieben, mußten sie unterwegs aussteigen und mit hochhackigen Pumps und schwarzen Lackstiefelchen im Abendkleid und Frack durch die Pfützen traben, stets in Gefahr, von herandrängenden Demonstranten geschubst zu werden. Ein Trillerpfeifenkonzert, ich nehme an, von Wachhabenden, begleitete den gespenstischen Aufzug. Inzwischen schwoll das skandierte Rufen im Park immer mehr an: Gorbi, Gorbi!

Man schaute auf der Rückseite des hellerleuchteten Palastes aus den Fenstern und betrachtete sein Volk. Auf dem jenseitigen Spreeufer bewachten Sicherheitskräfte mit Gewehr im Anschlag die jubelnden Demonstranten. Aber vor lauter Gewühle und Geschiebe und Gedränge sah man eigentlich sehr wenig. Drinnen, das war eine andere Szene, da wurde das Staatsbankett im Fernsehen der DDR in voller Länge übertragen. Da kam auch kein „Gorbi"-Schrei durch. Es war wie beim Tanz der Vampire, nur ohne Musik. Mit versteinerten Mienen und staubtrockenen, verkniffen lächelnd gesprochenen Toasts auf die „40 Jahre Frieden und Freundschaft und Solidarität" feierte man zum letzten Mal versammelt den allerletzten, offiziellen Geburtstag der Republik. Um das Spektakel rechtzeitig im Fernsehen zu erleben, trollten wir uns seitwärts am Fischrestaurant vorbei in die Büsche.

Daheim erwarteten uns andere Freunde, die bei der Demo an der Schönhauser Allee dabei gewesen waren, und uns darüber berichteten, teils blutig geschlagen von eifrigen Staats-schützern. Die nicht angemeldete Demo begann mit einer friedlichen Kerzenpartie auf dem Fahrdamm, stumm und ohne jedes Gegröhle. Plötzlich stürmten von allen Seiten sog. Sicherheitskräfte mit Schlagstöcken auf die versammelte Mannschaft ein, begann die Kerzen auszutreten und die Leute mit Prügeln auseinanderzutreiben. Wer nicht schnell genug in Seitenstraßen oder Toreingängen oder gar die Treppen rauf in den U-Bahnhof nach oben

verschwinden konnte, wer im allgemeinen Durcheinander hinfiel oder niederstürzte, wurde gnadenlos verprügelt. Wer wehrlos auf der Straße zu liegen kam, wurde zusätzlich mit Tritten traktiert. Ein blutig geschlagener junger Mann mit Platzwunde über der Augenbraue flüchtete in eine Toreinfahrt und konnte den Rest der Prozedur durch die Scheibe des Tores beobachten. Lastwagen fuhren vor, sammelten die auf dem Boden Liegenden und Stöhnenden ein, brachten sie auf die Ladefläche, dann kamen weitere, festgenommene Männern und Frauen in Handschellen, die auf die Ladeflächen klettern mußten, und die Kolonne von Lastern setzte sich Richtung Innenstadt in Bewegung.
Wie einzelne Betroffene später berichteten, landeten sie in der Normannenstraße, wo sie 48 Stunden in einem Hof stehend festgehalten und gefangengesetzt wurden, und nach Feststellung der Personalien wieder entlassen wurden. Eine ärztliche Notversorgung fand indessen nicht statt. Manche Frauen wimmerten leise vor Schmerz. Der Gewährsmann gehörte zu den Glücklichen, die „nur festgenommen und in Handschellen abgeführt", aber nicht geprügelt oder blutig geschlagen worden war.

Ich helfe anderen, so gut ich kann.
Des Tages Stunden fülle ich ganz aus.
Den Duft der Blumen häuf ich in mir an,
und gute Freunde öffnen mir ihr Haus.
Ich bin daheim im Lande überall,
und ich kann einsam und gesellig sein.
Ich tue alles wie zum ersten Mal,
und meine Träume sind für mich wie Wein.

Unser Land begreifen,
es beim Namen nennen
und als meins erkennen,
täglich mit ihm reifen... [3]

---

[3] AR Armeerundschau Soldatenmagazin 10/89, 36

Devisenvergehen von Ost nach West

Eigentlich stand es schlecht um die Devisen, sowohl in Ost wie in West, denn egal wie man es drehte und wendete, der Stand 1 D-Mark gegen 5 Ost-Mark war überall bekannt. Daß kurz nach der Wende der Kurs sogar auf 1 : 10 oder 1 : 20 rutschte, war durch die illegalen Wechselstuben und fliegenden Händler am Bahnhof Zoologischer Garten bedingt, die im Schwall an angebotenem Ostgeld zeitweilig die Übersicht verloren.

Mit diesem Kurs in dem Kopf und dem nötigen Kleingeld in der Tasche hatte man aber auch die Möglichkeit, auf Schritt und Tritt Devisenvergehen (im Sinne strenger Zollbestimmungen) zu verüben. Man durfte ja Geschenke nur in geringem Warenwert mitnehmen, ausgenommen Kinderkleidung, Schuhe, Kunstgegenstände, Antiquitäten usw. usw. Es gab eine längliche Liste alles dessen, was ausgenommen war und was man nicht mitnehmen konnte.
Sogar einmal ist mir passiert, daß ich eine für De-Mark gekaufte Suppentüte (Maggi, aus'm Westen! Für „Devisen" erstanden!) nicht rückwärts durch die Grenze bringen durfte, die ich im Intershop an der Friedrichstraße als Geschenk gekauft hatte, deren Geschmacksrichtung aber nicht genehm war. Sie landete schwungvoll im östlichen Papierkorb, der praktischer-weise dicht bei den Zöllnern stand.
Andererseits mußte man ja den Umtauschsatz, ich meine den Zwangsumtausch, irgendwie ausgeben, aber wie denn, wenn's nix Attraktives zu kaufen gab? Man konnte ihn auch auf ein Sperrkonto in der Staatsbank zurückzahlen, bei

Freunden in der Schublade klimpern lassen, einem zufällig am Bahnhof Friedrichstraße vorbeigehenden Passanten schenken, in die Jackentasche oder in das kaputte Ärmelfutter schieben (aber nur die Scheine, die Aluchips klimperten bestimmt im unrechten Augenblick), stets in der stillen Hoffnung, man werde nicht so genau kontrolliert. Und meistens klappte das ja auch. Mit dem Schmuggeln oder dem Verschenken.

Ich habe mich aufs Bücherkaufen beschränkt, Fachbücher und Antiquaria (die waren indessen verboten, aber man versuchte halt trotzdem das Durchkommen, und es glückte zumeist). Einige lateinische Drucke wurden jedoch beschlagnahmt, wiewohl ordnungsgemäß mit Kaufquittung aus dem Antiquariat der Karl-Marx-Buchhandlung versehen.

Manches andere aber ging *trotz oder gerade* wegen eingehender Zollprüfung durch, und das kam so: In besagter Universitätsbuchhandlung unter den Linden entdeckte ich ein Fachlexikon für Altägyptische Hieroglyphen in dicken fünf Hauptbänden und 7 Bänden Belegstellen, das irgendwie als Remittende aus dem Westen zurückbeordert worden war und hier nun verbilligt feilgeboten wurde. Es sollte im Westen unter Brüdern um die 5000 DM kosten, hier war es für 1520 Ost-Mark ausgepreist. Ich ließ es beiseite stellen und machte mich umgehend auf die Suche nach dem nötigen Geld.

Glücklicherweise konnte mir ein Freund in der Hauptstadt aushelfen und hob sofort das Geld bei der Post in bar ab. Damit bewaffnet stürmte ich in den Buchladen, kaufte die dicken Bände und bekam noch eine Schachtel gratis für den Transport (Schachteln waren im Buchhandel Mangelware, wie ich später erfuhr). Das Lexikon war übrigens broschiert, also nicht gebunden, die Seiten entsprechend noch in Bögen zusammenhängend, und darum gar nicht zu blättern. Man hätte sie aufschneiden müssen, um den Band zu benutzen.

Nun war mir klar, daß ich das gesamte Lexikon nicht auf einmal durch den Zoll kriegen würde. Also stapelte ich es, insgesamt 12 Bände an der Zahl, im Hängeboden meines Freundes auf und trug bei meinen Besuchen Band für Band, im Zollschein jeweils als „Geschenk: Buch 1" deklariert in einem Plastikbeutel nach Hause.

Wieder einmal kam ich mit einem Band beim Zoll an.
Na, dann zeigen Sie mir mal das Buch, was sie da geschenkt bekommen haben. Hä? Nur Band 4? Aber der ist ja gar nicht zu blättern... Und das Papier ist auch nicht besonders... Na, dann viel Spaß beim Lesen!

Wieder einmal kam ich mit einem Band beim Zoll an.
So so, ein Buch als Geschenk. Zeigen Sie es mal! Aha, ein Band 5, also unvollständig.
(Kurzer Blick über die zusammenhängenden Bögen.)
Das sind doch... das sind doch Hieroglyphen. Ägyptische nicht? Können Sie das lesen?
Nö, aber ich versuch's halt immer mal wieder...

Wieder einmal kam ich mit einem Band beim Zoll an.
Aha, ein Buch als Geschenk deklariert. Wie das dünne Ding? Und da stehen bloß Tabellen drin? Sowas wird bei uns gedruckt? Reine Papierverschwendung...

Wieder einmal kam ich mit einem Band beim Zoll an.
Ja, Ägyptisch, kennen wir schon. Sie haben doch vor zwei Wochen schon mal eine solche Schwarte mitgenommen. Na ja, schade ist es ja nicht... Wo's bloß in Papier gebunden ist...
Und was daran war das Devisenvergehen? Ganz einfach: Mein Freund, der mir so viel Geld vorgestreckt hatte, verlangte eine goldene Halskette im Wert von 300 West-Mark. Eben 1:5 getauscht. Die habe ich dann am eigenen Hals getragen, als – pfui! – undeklariertes Geschenk über die Grenze geschmuggelt und ihm ausgehändigt, ohne Kassenzettel und Schmuckschatulle, eben in Treu und Glauben, wie es unter soliden Geschäftspartnern üblich ist.

Und dann gab es noch eine Spezialität für Sammler, die besonders begehrt und in der DDR sehr gesucht waren: Minibücher. Sie waren auch über Gebühr teuer, aber dafür in Leder gebunden, teils mit Kassette und im Schuber und teils sogar mit Goldschnitt, immer künstlerisch hochwertig illustriert und thematisch sich vom üblichen Einerlei wohltuend abhebend. Nur, daß man sie nicht immer bekam, also mußte Vitamin B (wie Beziehung) wirken. Man streckte seine Fühler aus, mußte das Umtauschgeld sparen, um sie zu kaufen, denn meist waren sie teurer als 25 Ostmark.
Mir war das Glück insofern hold, daß ich gewissermaßen an der Quelle schöpfen konnte. Denn man konnte Minibücher in der Buchhandlung nicht direkt bestellen und war auf Zuteilung oder Zufall angewiesen.
Ich lernte mit viel Glück einen Buchhändler kennen, der im Buch-Großhandel arbeitete und der für Berlin die Verteilung der Minibücher an die einzelnen Buchhandlungen besorgte. Mal gab es fünf, mal 30 Exemplare, ganz unterschiedlich, wie es der Produktionsprozeß und die Rohstoffe erlaubten (immerhin waren sie ja in feines Leder gebunden). Dieser Mann sorgte nun dafür, daß bei jeder neuen Lieferung 1 Exemplar als „Eigenbedarf" deklariert wurde und im Schreibtischfach verschwand. In meinem Interesse, er selbst fand keinen Gefallen an den Dingern. So konnte ich an der Quelle in Minibüchern schwelgen (manche Titel waren für mich nicht interessant). Ich bezahlte sie ja auch an ihn, und er rechnete sie ab. Wenn ich einen Titel uninteressant fand, schickte er das Buch einfach als Sonderzuteilung an eine Buchhandlung weiter.
Und hier beginnt eine kleine Episode am Zoll: Mit einem solchen Minibuch in der Hosentasche (5,7 cm hoch, 2 cm dick), das ordnungsgemäß als „Geschenk: Buch 1" deklariert war, trat ich frohen Mutes an den Zolltisch in der

Friedrichstraße. Ich hatte sonst gar nichts als Geschenk, Netz, Beutel, Tüte dabei und entsprechend auch nichts eingetragen.
Der Zöllner mit strengem Blick in meinen Papieren: Ein Buch als Geschenk? Wo ist das Buch denn?
Gemächlich kramte ich in meiner Hosentasche und legte schließlich das Minibuch auf das Zollpult. Es war ja nun wirklich sehr klein. Der Zöllner fühlte sich sichtlich veralbert, traute dem Frieden nicht und schüttelte das kleine Buch aus dem Schuber. Es hätte ja auch hohl sein und anderweitiges Schmuggelgut darin versteckt sein können. Es war aber in der Tat bloß ein Büchlein. Dann schlug er es neugierig auf und las den Titel: „Heinrich Heine. Deutschland, ein Wintermärchen", blätterte ein wenig: Ach so, bloß Gedichte... Na, denn nehm'se's mit!

Er schob mir verächtlich mit der Handkante Schuber und Büchlein über das Pult zu, ich friemelte das Büchlein in den Schuber zurück und packte es wieder in die Hosentasche. Mit sonnigem Lächeln. Stand doch darin in Caput II zu lesen:

> *...ward von den preußischen Douaniers*
> *mein Koffer visitieret.*
>
> *Beschnüffelten alles, kramten herum*
> *in Hemden, Hosen, Schnupftüchern;*
> *sie suchten nach Spitzen, nach Bijouterien,*
> *auch nach verbotenen Büchern.*
>
> *Ihr Toren, die ihr im Koffer sucht!*
> *Hier werdet ihr nichts entdecken!*
> *Die Konterbande, die mit mir reist,*
> *die hab ich im Kopfe stecken* <...>
>
> *Und viele Bücher trag ich im Kopf!*
> *Ich darf es euch versichern,*

> *mein Kopf ist ein zwitscherndes Vogelnest*
> *von konfiszierlichen Büchern.*

Und schon profetisch hat Heine am Schluß den Mauerfall vorweggenommen (über ein Jahrhundert zu früh, man denke!):

> *(Zensur) gibt die innere Einheit uns,*
> *die Einheit im Denken und Sinnen;*
> *ein einiges Deutschland tut uns not,*
> *einig nach außen und innen.*

Hier hatte es Heine vorhergesehen: „Deutschland, einige Vaterland!"

Devisenvergehen im Westen

Devisenvergehen konnte man aber auch anders herum begehen. Und das ging so: Man stieg aus der S-Bahn in Bahnhof Friedrichstraße und friemelte sich bis zum U-Bahnsteig durch über Treppen und Gänge und den Seufzergang – womit ich für mich den endlos langen Übergang vom S-Bahntunnel zur U-Bahn bezeichnete. Unten kaufte man sich billig gegen Devisen, also mit Westmark, ein oder zwei oder mehr Pullen hochpro-zentigen sowie hochwertigen Schnaps, und verstaute ihn in der Aktentasche. Er war deshalb so billig, weil keine Steuern darauf waren. Der Whisky war meistens ein regelrechter, richtiger Ausländer und kam wirklich aus Kentucky, Ireland oder Scotland. Der Bénédictine kam tatsächlich aus La France. Mit gut gefüllter Aktentasche fuhr man fröhlich per S-Bahn von Friedrichstraße durch die unterirdische Geisterbahn Richtung Yorck-Straße, stieg aus, rannte die hohe Treppenflucht herunter und – tja, am Tor warteten dann die Zöller der Westberliner Behörden. Die hielten einen fest, flöhten die verdächtig klirrende Aktentasche, brummten einem eine saftige Strafe auf und den Zoll obendrein noch dazu.

Es sei denn, man riß sich los und flitzte zurück, hinauf auf den Bahnsteig: Da war Ostgelände, da durften die Brüder nicht hin...

Ich selbst habe öfters solche Flitzer in Sachen Alkohol beobachtet und bin auch selbst mehrfach in der U-Bahn Haltestelle Kochstraße kontrolliert worden, von westlichen Zöllnern, die nach devisenträchtigen Tabakwaren und Alkoholika fahndeten, denn man kam ja aus der Zone mit dem Intershop-Kiosk, der Genußwaren aller Art (sogar edles Parfum) gegen Devisen feilbot. Die Ansage klingt mir heute noch im Ohr: „Kochstraße, letzter Bahnhof in Berlin West, Achtung, letzter Bahnhof in Berlin West!"

Geschenke

> Zonengrenze, Gepäckkontrolle. Was ist in dem Koffer drin? fragt der Vopo den Reisenden.
> Honnecker und Stoph.
> Unsinn, machen Sie den Koffer auf!
> Der Reisende tut es, der Vopo wühlt darin, bis er enttäuscht meint:
> Lumpen, nichts als Lumpen!
> Das haben Sie gesagt, nicht ich.

Geschenke durfte man deklarieren und mitnehmen. Aber wohlgemerkt, keine kaputte elektrische Schreibmaschine, und das kam so: In der Beratungsstelle für Alkoholkranke in der Nähe des Rosenthaler Platzes lernte ich einen Doktor kennen, dessen Sekretärin sich mit einer halbkaputten, mechanischen Schreibmaschine abplagte, die aus der Jahrhundertwende stammen müßte, so klapperig war sie und so holperig war auch ihr Schriftbild. Da ich gerade eine elektrische Schreibmaschine ausrangiert hatte, deren eine Type nicht mehr funktionierte, sprach ich mit dem Doktor, ob ich das kaputte Teil nicht mit „Rüber" bringen sollte, wenn er jemanden hätte, der sie ihm reparieren könnte: es sei ein mechanischer Fehler. Er bejahte, und ich füllte beim nächsten Besuch meinen Zollzettel ordnungsgemäß aus: „Schreibmaschine, defekt, elektrisch 1

Stück" und wuchtete den Koffer auf das Zollpodest. Es war kurz nach Mitternacht, und meine Freunde warteten draußen, um mich abzuholen.
Das geht aber nicht, das können wir nicht reinlassen!
Aber ich wollte die Maschine doch der Beratungsstelle für Alkoholkranke stiften...
Das geht nicht, die Maschine dürfen Sie nicht einführen! Bitte treten sie zurück!
Nun kam die Zollkontrolle bekanntlich hinter der Paßkontrolle, die die Visen verteilte, und war mit Türen und elektrischem Summer gesichert. Ich wummerte gegen eine Tür, bekam sie auch auf und erklärte umständlich, ich müßte die kaputte Schreibmaschine wieder ausführen, da der Zoll sie nicht genehmigt habe usw. usw.
Ich durfte tatsächlich samt gültigem Visum wieder ausreisen, stürmte die Treppen zur S-Bahn hoch im Bahnhof Friedrichstraße, blickte mich schnell um, sah einen Papierkorb und warf die Maschine kurzer Hand hinein, strich die Angabe im Zollzettel durch und stürmte wieder zur Paßkontrolle – gleiche Tür, aus der ich entlassen war. Dort reichte ich meine Papiere durch den Schlitz, der Beamte winkte mich jedoch weiter (ich war der letzte Westberliner) und ließ die Tür summen. Er wollte wohl schnell Feierabend machen.
Atemlos stand ich wieder vor dem Zoll – diesmal ohne Geschenk. Dafür wurde ich dann genauestens auf Westgeld überprüft, und als letzter mit größerer Verspätung langte ich an der besagten Blechtüre an. Dort warteten geduldig meine Freunde, denen inzwischen Westberliner erzählt hatten, daß ich beim Zoll Schwierigkeiten hatte. Am nächsten Morgen mußte ich der Beratungsstelle mitteilen, daß die Schreibmaschine nicht erlaubt und im Eimer war, buchstäblich.

Die Spreewaldkatze

Geschenke durfte man deklarieren und mitnehmen. Auch eine <u>Spreewaldkatze</u>. Und das kam so: Freunde im Spreewald hatten mir etwas Gutes tun wollen und schenkten mir ein kleines Maikätzchen, das gerade entwöhnt war. Sie war schwarz mit weißen Flecken, hatte ein schwarzes und ein weißes Öhrchen und war schon im ersten Moment ganz zutraulich. Eine Freundin tat ein übriges und suchte ein rosa Seidenband hervor, das sie kunstvoll um den Hals des Kätzchens schlang. Ich nahm das Kätzchen auf den Arm, die lange Bahnfahrt nach Berlin schnurrte es behaglich und sammelte Sympathien ein: Nein, wie süß! Ach Gott, das hübsche Kätzchen. Ordnungsgemäß deklarierte ich sie in meinem Zollzettel als Geschenk: „Katze 1". Im Gewusel des Umsteigens und der langen Warteschlangen vor dem „Palast der Tränen" stopfte ich sie in eine Plastiktüte, damit sie mir nicht wegflutschte. Tausende schienen an jenem Tag ausgerechnet nach Westberlin zurückreisen zu

wollen. Geduldig schob man sich in der Schlange durch die Klapptüren. Dem Kätzchen behagte das nicht, und es fing mörderisch an zu zappeln, was die Tüte mit lautem Geraschel quittierte. Omis und nette Frauen hinter mir fragten mich, was denn darin sei, was so zappelte. Eine Katze, aus dem Spreewald.
Endlich stand ich vor dem Zollbeamten am Zolltisch. Er prüfte am Pult meine Papiere:
Geld o.k. Geschenke keine?
Doch, eine Katze! Ich habe sie doch deklariert.
Damit nahm ich das Kätzchen aus der Tüte und setzte es auf den Zolltisch. Es war sehr verängstigt und maunzte.
Das geht aber nicht, die dürfen sie nicht ausführen! Sie brauchen eine Ausfuhrgenehmigung, ein tierärztliches Zeugnis, eine Bescheinigung über Seuchenfreiheit und...
Das wußte ich nicht. Mir wurde die Katze im Spreewald geschenkt. Andernfalls hätte man sie ertränkt. Und das wollte ich nicht.
Der Zöllner klingelte Hilfe. Ein Beamter mit mehreren Pickeln auf dem Achselstück trat ans Pult.
Ja, Herr ... äh... Kosack, die Katze dürfen sie nicht mitnehmen.
Gut, dann schenke ich sie dem Kollektiv der Zöllner. Hier ist sie!
Das geht nicht!
Inzwischen maunzte das Kätzchen recht kläglich, umgeben von so vielen Menschen, die ungeduldig darauf warteten, mit der letzten U-Bahn nach Westberlin zu kommen. Omis seufzten: Ach wie süß! Ältere Frauen meinten: Eine Schande!
Die beiden Zöllner ratlos. Da kam einer mit sehr viel mehr Pickeln auf dem Achselstück, schaute die Papiere an, schaute das Kätzchen an, schaute mich an: Also, sie dürfen nicht...
Ja, ja, meinte ich genervt, wenn das Kollektiv sie nicht haben will... wo ist denn der nächste Papierkorb?
Nein, das geht auch nicht!
Inzwischen murrten Dutzende von Spätheimkehrern in der Schlange, die einfach nicht weiterkam, da sie sich am Zoll staute. Omis seufzten: Ach, wie süß. Familien zu ihren Kindern: Schau mal, das schöne Kätzchen. Alles eitel Bewunderung und Mitleid. Nur der Zoll guckte grimmig.
Da eine Wendung im Katzendrama: die eisenharte Entscheidung, sogar vom Obersten Zöllner höchstpersönlich ausgesprochen: Hier Ihre Papiere. Na, denn nehm'se se mal mit! Aber fix!
Ich lockte Kätzchen, nahm sie im Katzengriff hoch und wieder auf den Arm, schlich zur Paßkontrolle, wobei der Paßbeamte sichtliche Kulleraugen machte, als er mich mit Katze und Seidenschleife sah – nein wie niedlich! Bekam meine Papiere zurück und stürmte in die Freiheit der länglichen U-Bahnverbindungsschächte. Dort begann Kätzchen wieder zu maunzen, denn der Gestank, der Krach und die vielen Leute war es im Spreewald einfach nicht gewohnt.

Es ist übrigens meines Wissens die einzige DDR-Katze aus dem Spreewald, die ohne Formulare und Papiere ausreisen durfte. Sie hat den Fall der Mauer samt Besucheransturm (Na, wo ist denn das Kätzchen, das wir dir damals geschenkt haben? – Inzwischen ein ausgewachsener Stubentiger) am eigenen Leib erlebt und ihr biblisch langes Katzenleben nach 25 Jahren friedlich in der Richardstraße /Berlin-West beendet.

Einblicke in die DDR im Wechsel der Jahreszeiten

> *Motto:*
> Was sind die schlimmsten Feinde der DDR?
> Frühling, Sommer, Herbst und Winter!

An einem herrlichen Frühlingstag...

An einem herrlichen Frühlingstag machte ich einen Ausflug an den Gudelacksee und startete von Lindow eine Wanderung um den See herum. Nicht weit von dem Städtchen entfernt traf ich bei Wilhelmshöhe auf eine Frauenbrigade, die mit Kirsch und Kräuter und Pfeffi sich gerade in kollektive Rauschzustände gebracht hatte und unentwegt kicherte. Vor allem natürlich über mich, der ich allein so für mich hin am See spazieren ging und nach hübschen Fotomotiven Ausschau hielt.

Ein Wort gab das andere, wir neckten uns, und man bot mir auch sträflicherweise einen Pfeffi an, den ich nun aber so gar nicht abkonnte. Wenigstens einen Schluck, sonst wären die Damen enttäuscht, wenn nicht gar beleidigt gewesen. Ich machte Bilder von den Damen, bekam eine Adresse, wo ich die fertigen Fotos hinschicken sollte, was ich zu tun versprach. Als Dank dafür luden sie mich in einer nahegelegenen Gaststätte zum Eisessen ein.

Die gehobene Gastkultur in entlegeneren Provinzen war mir bekannt, aber was ich da erlebte, nun, es wurde Rekordverdächtiges geboten. Natürlich wurden wir erst einmal im – vollständig menschenleeren Lokal mit seiner sehr übersichtlich kleinen Gartenterrasse – am Gartentor stehen gelassen, um regelrecht platziert zu werden. Es war übrigens der einzige Tisch im Schatten, immerhin.

Sodann wurde gnädig darüber befunden, daß wir Eis zu uns zu nehmen das Bedürfnis hätten, denn Karte gab es keine. Und nach einigen Verhandlungen wurde auch das noch eingeschränkt: Aber wir haben nur Vanille! Und Sahne ist auch alle...

Gut, das macht nichts, da harren wir also der Dinge, die da kommen.

Es kamen sechs Eisschalen aus arg verkratztem Aluminium, die vermutlich schon die Kaiserzeiten überstanden hatten und daher sehr mitgenommen aussahen, sechs Plaste-Teelöffel, davon zwei in der Laffe in der Mitte durchgebrochen, einer sogar am Rand ausgebrochen, und jeweils drei Kugeln Eis, verziert mit einer Sauerkirsche, immerhin.

Von den Damen erfuhr ich, daß sie nur zwei Wochen Urlaub hätten, und dieser Besuch im Garten mit dem Eisessen sei immer ein Höhepunkt ihres erholsamen Daseins am Gudelacksee.

Aufgebracht verlangte ich das „Buch des Kunden" und schmierte rein: *Kaputte Plastelöffel gehören nicht zur gehobenen Gastkultur eines Hauses, das auf sich hält. W.K. aus Berlin!*
Ich fürchte, es hat nix genutzt... Vor lauter Glück, diesen Platz entdeckt zu haben, merkten die Damen nicht einmal, wie beschissen sie da eigentlich bedient wurden.
Und dieser Frust setzte sich in der Verkaufskultur um die Weihnachtszeit fort, wie Exempel zeigt:

An einem glühend heißen Sommertag...

An einem glühend heißen Sommertag trat ich in die Zollbaracke draußen, vor dem Bahnhof Friedrichstraße, lange ehe der ‚Palast der Tränen' errichtet war. Ich hatte als Geschenk einen Sechserträger Radeberger Pilsner Export dabei, den es gerade im Supermarkt in Westberlin als Sonderangebot gegeben hatte. Ich wußte, wie begehrt Radeberger in der Hauptstadt und Umgebung war, und wie selten man es dort zu Gesicht bekommen konnte. In dem Zollzettel hatte ich auch „Geschenk: Radeberger Export, 6 Flaschen" eingetragen.
Mit sehnsüchtigem Blick verfolgte der Zöllner meine Bewegungen, als ich den Träger aus der Plastiktüte hob und ihm auch zeigte, daß sonst nichts drin war.

Sein Blick war ein einziges Dürsten. Entschlossen zerrte ich schnell eine Flasche aus der Verpackung, hievte den Rest in die Tüte und stellte sie neben das Pult. Dann wandte ich mich dem Ausgang zu. Blitzschnell war diese Flasche verschwunden, und um den Mund des Zöllners spielte ein Lächeln ob dieser gemeinsamen Konspiration.

Mit diesen Flaschen hatte es dann noch eine eigene Bewandnis: Mein Ostberliner Freund und ich setzten uns in ein Gartenlokal am Stadtrand - nein, falsch! Man wurde ja platziert und konnte beileibe in keinem Lokal der DDR selbständig Platz nehmen oder sitzen, wo man wollte. Und bestellten je ein Glas Bier. Es war Missener Export, na ja, was Wildsauen so in den Wald hinseichen... Meine Plastiktüte zu meinen Füßen barg ja fünf ganz andere Schätze. Ich beugte mich zu meinem Freund, und wiederum konspirativ öffnete ich im Plastikbeutel eine Flasche Radeberger, und immer, wenn keiner hinschaute, schüttete ich in mein oder sein Glas von dem köstlichen Naß dazu. So machten wir den Fünfer leer. Wir achteten freilich darauf, daß das Glas nie leer wurde. Und quatschten und quatschten und wurden immer lustiger und blieben so lange hocken, bis unser Vorrat alle war. Keiner, nicht mal der Ober hat's bemerkt. Leider, das Bier war warm durch den Transport, aber das war das geringste Übel.

Wohin ich auch komme
Schleppe ich in mir
Die Grenzen mit
Trage ich unsichtbar
Dieses Emblem
Auf dem Rücken.
Wo ich auch bin
Wissen andere besser
Woher ich komme
Als ich. [4]

---

[4] AR Armeerundschau Soldatenmagazin 6/90, 52

An einem schönen Herbsttag...

An einem schönen Herbsttag fuhr ich nach einer anstrengenden Tagestour von Berlin nach Dresden in einem Abendzug der Heimat entgegen. Ich war enttäuscht, da einige Museen und Sammlungen aus unerfindlichen Gründen gerade dann geschlossen waren, als ich sie besichtigen wollte. Dazu gehörte auch die Kunsthalle hinter dem Bahnhof.
Im Zug kam ich mit einem Ehepaar ins Gespräch, das mich auf meine erkennbar miese Laune ansprach. Es waren nette, ältere Leute, die mir in unverdorbenem Säxsch versuchten, neu-gierig, wie Sachsen nun mal sind (nicht alle, jedoch die meisten), die Würmer aus der Nase zu ziehen und irgendwie meine Laune zu verbessern.
(Ich setze das folgende Gespräch in Hochdeutsch um, weil ich die sächsische Orthographie nicht so gut beherrsche.)
Ich sagte, ich käme aus Berlin extra nach Dresden, um Museen und Sammlungen zu besuchen und mir die Stadt anzusehen, hätte nur diesen einen Tag Zeit gehabt und wäre sehr enttäuscht, daß die meisten Kulturstätten eingerüstet, geschlossen oder nicht begehbar wären.
Ja, das stimmt, pflichteten mir die Dresdener zu, die Kunsthalle hinter dem Bahnhof ist schon seit Monaten zu. Seit MONATEN!
Als Trost boten sie mir eine Bemme mit Schlackwurst an, vielleicht daß sich dann meine schlechte Meinung über Dresden etwas besänftige.
Als ich nun weiter grummelte: Und dann das Schloß immer noch in Ruinen, und die Trümmer auf dem Platz der Frauenkirche...
Ja, da muß man etwas tun, pflichteten sie mir bei, Sie kommen doch aus Berlin, was wäre denn, wenn Sie Ihre Eindrücke schilderten und an entsprechender Stelle zu Gehör brächten?
Wie denn?
Na, einen Brief an die Parteileitung, Hier in Sachsen hilft das nicht viel, aber in Berlin. Da wird solche Kritik eher gehört.
Als weitere Tröstung öffnete der Ehemann seine Reisetasche und bot aus seinem Flachmann mir einen Wodka an. Er war zwar warm, aber dennoch hochprozentig. Nur meine Stimmung konnte er nicht bessern.

Glauben Sie denn, daß das mit dem Brief was wird? Ich bin davon nicht so überzeugt.
Doch, doch! Sie brauchen bloß zur Bestätigung das Datum von heute dazuzuschreiben.
Na, ich weiß nicht, ich weiß wirklich nicht...
Ein freundschaftlicher Puff mit dem Ellenbogen und ein zweiter Wodka.
Also abgemacht?
Wie sollte ich das bloß bewerkstelligen, ich als Westberliner aus der Richardstraße? Dafür hatten sie mich nun bestimmt nicht gehalten.

An einem regnerischen Tag im November...

Wir Westberliner konnten im Auto durch die Zone dampfen, freilich nur 100 km schnell, damit die ostdeutschen Trabbis und Wolgas und Schigulis, die ja die Interzonenautobahn mitbenutzen durften oder sogar mußten, nicht gleich ganz frustriert von den schnittigen Westkarossen überholt und abgehängt werden konnten. An manchen Stellen gab es auch Beschränkungen auf 30 km oder 60 km (insbesondere bei den zwei Intershops am Rande der Autobahn, wo dem Wessi gegen Devisen Westwaren angedreht wurden). Auf jedem Parkplatz, sofern er für Westler nicht gesperrt war, tummelte sich die Sicherheit in den Büschen und parkenden Autos. Unvergeßlich die unvermutet aufkom-menden Schlaglöcher, rambamm! Rambamm!
Man fuhr von Westberlin kommend über die Avus nach Dreilinden, zur Übergangsstelle. Sechs oder sieben Reihen stehender, Schritt fahrender oder im Standgas vor sich hin blubbernder Autos. Dann kam endlich die Passkontrolle. Die eingesammelten Pässe wurden über ein gedecktes Laufband in die Passbaracke befördert, dort bearbeitet, kontrolliert, kontrolliert, kontrolliert, ein Durchreisevisum erteilt, gestempelt, nochmals kontrolliert. Die Wagen wurden dann einzeln zum Zoll gewunken, mußten dort stehen bleiben und auf Zuruf warten. Und das konnte dauern... Es war grau, kühl und regnete Strippen oder

Katzen und Hunde. Das Wetter war also unfreundlicher und ungemütlicher als jede erdenkliche Zonen-grenzkontrolle nur hätte sein können.
Endlich der Mann mit den Pässen, die er einem Schlitz am Schalter des Paßhäuschens aus einer Tasche nahm, überprüfte Paßbild und Gesicht bei allen Vieren, trat, die Pässe immer noch in der Hand haltend, an die offene Scheibe der Beifahrertür, wo ich als Beifahrer gerade saß, und schnarrte: Haben Sie Waffen dabei? Munition? Sprengstoff? Feuerwerkskörper?
Mich ritt der Teufel, sofort rutschte mir heraus: Nö! Braucht man die hier?
Und das mit sonnigem Lächeln.
Na, da kam dann der Teufel wirklich geritten:
Bitte fahren Sie rechts ran! Alles aussteigen!
(Es regnete Strippen und wir hatten im Auto die Regencapes und Jacken ausgezogen, wir waren zu viert).
So, dann machen Sie mal vorne auf! Und dann den Kofferraum. Dann das Gepäck rausheben. Wollen doch mal sehen, ob Sie nichts dabei haben!
Er wühlte in den Reisetaschen, er wühlte im Erste-Hilfe-Kasten, er wühlte unter den Sitzen, er wühlte im Reserverad, er wühlte im Handschuhfach... wir wurden naß und mehr als nässer.
Endlich, Befreiung! Kein Befund!
Hier ihre Pässe! –
Umgeben von einem Berg halb ausgepackter Reisetaschen, Jacken, ausgebautem Reserverad, Erste-Hilfe-Kasten, verstreuten Karten aus dem Handschuhfach mußten wir alles wieder einladen und durften endlich, endlich mit mehr als 1 Stunden Verspätung weiterfahren. Um ein Haar hätte ich Klassenkeile gekriegt. Freilich, verdiente.
Und das nächste Mal hältst du deinen Mund! knurrte der Fahrer.

An einem bitterkalten Wintertag...

An einem bitterkalten Wintertag suchte ich die Grenzanlagen an dem Bahnhof Friedrichstraße zu überqueren, nein, zu durchbrechen. Im Rahmen einer ausgedehnten Schlange frierender Westberliner, die ihre kalten Füße durch Treten auf der Stelle warm bekommen wollten. Ich trat in die Zollbaracke draußen, vor dem Bahnhof Friedrichstraße (s.o.) und hatte auf Wunsch meines Freundes im Spreewald als Geschenk eine große Schachtel Grassamen dabei, ordnungsgemäß deklariert „Geschenk: Schachtel Grassamen, 1" nebst „Pflanzstock 1". In der Baracke war es so eng, daß jeweils nur eine Person beim Zoll anstehen konnte, der größere Rest der Baracke wurde von den Paßbeamten genutzt. Ich also allein vor dem Zollmenschen.
Der Zöllner las und stutzte. Grassamen?
Ja, original verpackt, d.h. die Schachtel noch zu.
(Ich wies auf die unversehrte Reißleine rings um die Schachtel.)
Nun, das wollen wir uns doch mal genauer ansehen...
Zunächst einmal ein prüfender Blick auf das grüne Gewölle, das da in der Schachtel eingepackt war.
Er holte aus den Tiefen seines Kabuffs eine Plasteplane und ein grobes Sieb, zog in aller Seelenruhe die original verschlossene Reißleine auf und begann, Handvoll nach Handvoll Grassamen zu sieben. Und siebte und siebte. Der Zoll ging nicht weiter, die Besucher stauten sich zu Hunderten in der Schlange, draußen vor der Tür und drinnen in der Paßstelle, aber er siebte und siebte, alles auf die Plane, bis die Schachtel leer war.
Natürlich war sein Streben von Mißerfolg gekrönt. Da war nix drinnen, was die Gärtnerei nicht reingesteckt hatte. Eben Grassamen pur.
Barsch bedeutete er mir, ich solle nun den Haufen auf der Plane in die Schachtel zurückbefördern. Ich versuchte es, aber durch sein Sieben war der Inhalt „aufgeplustert" und paßte nicht mehr ganz in die Schachtel, so wie vorher. Ich drückte und schüttete was ich vermochte, aber ein Rest blieb übrig. Den kippte er mir in die Plastiktüte mit meinem Pflanzstock. Leider war nun die Schachtel offen und ließ sich nicht mehr am Griff tragen. Drum nahm ich sie wie ein Wickelkind zwischen die Arme und verabschiedete mich mit einem freundlichen „Guten Tag".
Ich hatte noch einen komplizierten Weg vor mir: S-Bahn, Eisenbahn, Straßenbahn, Bus – aber der Grassamen ist ohne weitere Komplikationen bei seinem Besteller angekommen, nur daß die schöne Schachtel unbrauchbar geworden war. Im nächsten Frühling ging dann der Rasen im Vorgarten auf.

An einem schönen Tag zwischendurch

Und gleich noch ein weiteres Erlebnis: Im Harz. An einem sehr heißen Tag stiegen Vater, Sohn und sein Westbesuch, nämlich ich, auf eine Burgruine in der Gegend von Gernrode. Teils, um der mittelalterlichen Geschichte zu frönen, teils um die schöne Landschaft zu genießen. Der Vater war irgendein hohes Tier und politisch, was man aber gar nicht so genau wissen durfte, weil ich eben Westler war, und „man" eigentlich keinen Besuch aus dieser Himmelsrichtung empfangen durfte. Die Verbindung ist überhaupt nur zustande gekommen, weil der Sohn mein Freund war und mich zu einer Harztour eingeladen hatte. Ich sollte also halboffiziell den Harz kennen und lieben lernen. Doch daraus wurde nicht viel.

Kurz vor halb zwölf langten wir keuchend, durstig und etwas erschöpft durch den steilen Weg oben an der Burgruine an, an der sich – welch Wunder! – eine gastronomische Einrichtung befand. Sie bestand aus einer kleinen Nissenhütte mit Garten dahinter, ein paar zünftigen Wurzeltischen nebst Bänken und einer Schankanlage, die im Schuppen nebendran offen herumstand. Das breite Fenster der Hütte, vermutlich die Essensausgabe, war dicht. Kein Mensch zu sehen. Nur aus dem Hintergarten strömte verlockend der Duft von angekokelten Bratwürsten. Wir setzten uns auf die Bänke, unterhielten uns absichtlich etwas lauter und warteten auf eine Bedienung, die aber nicht kam.

Da erhob sich der Vater energischen Schrittes und bummerte an die Nissenhütte. Immerhin tönte eine männliche Stimme aus dem Garten mit Grill:
Wir ham geschlossen!
Wie lange?
Bis halb eins!
Und wo steht das?
Nirgends, wir ham halt zu. Bis halb eins!

Erfolglos die Achseln zuckend, kehrte der Vater zurück und teilte uns sein vergebliches Bemühen mit. Wir zogen uns in den Schatten zurück, der Grill dampfte verführerisch, wir bekamen allmählich wirklich Hunger und vor allem Durst. Um die quälend langsam schleichende Zeit zu vertreiben, besichtigten wir jeden Brösel der Burgruine ganz genau und fanden uns pünktlich um halb Eins wieder an dem gastronomischen Stützpunkt ein. Der Laden wurde hochgezogen, das Bord dahinter war ganz leer. Ein mittelalterlicher Mann erschien und schlurfte zur Zapfanlage.
Bedienung?
Nä, hier herrscht Selbstbedienung.
Der Vater trat auf den Wirt zu, fragte höflich nach Speis und Trank, wie's Brauch ist im Harz, und erhielt die Antwort: Zu essen gibt's nix. Aber Bier könn Se haben.
Nun, wir hatten Durst, aber auch HUNGER!

Und was ist mit dem Grill?
Det geht Se gar nischt an, det is privat!
Also Bier, bitte, drei Gläser...
Umständlich gezapft, aber kühl immerhin wurden drei Glashumpen zum Wurzeltisch getragen. Vom Vater natürlich, denn es war ja Selbstbedienung. Jeder kriegte sein Glas. Meins war am Rande ausgebrochen, ausgerechnet dort, wo man üblicherweise trinkt. Das Glas meines Freundes hatte einen Riß, das des Vaters war am Rand ebenfalls ausgebrochen, aber am Griff, wo es nicht so schlimm ist. Hier hob sich mein Widerspruch. Ich mäkelte:
Ich will ein anderes Glas, daraus trinke ich nicht. Da kann man sich ja den Mund aufreißen! Also, im Westen, da wäre so was nicht möglich. Am Mittag nichts zu essen, und dann noch angeschlagene Biergläser!
Das war Kritik an der sozialistischen Gastkultur, wenn nicht sogar am Sozialismus pur! Das wußte ich. Hier mußte die DDR verteidigt werden gegen den mäkligen Wessi. Der Vater erhob sich entschlossen, schnappte sich mein Glas, schritt auf den Budiker zu und verlangte ein heiles.
Ein neues Glas bitte!
Seelenruhig zuckte der mit den Achseln: Geht nicht, wir haben nur solche.
Er öffnete den Schrank neben der Zapfanlage und wies auf eine Reihe Gläser hin, die noch viel ruinöser schienen als dasjenige, das der Vater gerade hielt.
Also, da muß man doch was tun! Gibt es denn keine heilen?
Doch, die Schnapsgläser sind heile. Und ich habe schon öfters eine Eingabe gemacht, aber wir kriegen keine neuen Gläser. Warum, weiß ich nicht...
Der Vater stapfte zurück, erfolglos. Immerhin, er hat mir sein eigenes Glas hingeschoben, das ja nur am Griff kaputt war, und zerknirscht aus dem angeschlagenen Humpen das kühle Bier getrunken. Wir ließen es uns nicht nehmen, eine zweite und dritte Lage selbstbedienend zu holen, um unseren Hunger halbwegs vergessen zu machen. Natürlich jeder in seinem Glas.
Auf dem Abstieg grummelte der Vater: Also, da werde ich was unternehmen. An entsprechender Stelle natürlich! –
Diese Einrichtung hatte natürlich kein „Buch des Kunden". Wie sollte sie auch, bei so vielen kaputten Gläsern? Bleibt die Frage, ob nach unserem Besuch wirklich die Kultur gehobener Gastlichkeit auch in diese Hütte eingezogen ist, und ob der Grill sozusagen sozialisiert wurde?

Irgendwo in Lübbenau, Neubaugebiet, Kaufhalle
(von einem Dia kopiert)

GEDACHTES

Pressearbeit

> Kennen Sie die neue SED-Zeitung?
> Sie heißt ND, <u>N</u>ischt <u>D</u>rin!
>
> Was ist das? Liegt vor der Tür und lügt?
> Das ND.
>
> Das ND wird jetzt enger gedruckt.
> Warum?
> Damit man nicht mehr so viel zwischen den Zeilen lesen kann.

Wenn man als Westdeutscher oder Westberliner nicht erkannt werden wollte, kaufte man sich kurz nach der Grenze umgehend am nächsten Kiosk ein ND (Neues Deutschland) und war sicher, daß man nicht mehr angesprochen oder mit dummen Fragen behelligt wurde. Man schlug die überbreiten Seiten auf, bedrängte damit sichtlich seinen Sitznachbarn, studierte eifrig den Inhalt oder die Überschriften und war als ausge-wiesener Parteimensch sicher vor der allgemeinen Neugierde und Aufmerksamkeit. Und man fiel schon gar nicht als Wessi auf: Das war die Hauptsache. Als Nebeneffekt konnte man den Jargon des Blattes kundig und tiefsinnig bei Wirtshausgesprächen hie und da einstreuen und wichtige Slogans fallen lassen.

Die Lektüre war ja auch spannend: Eine Delegation der Partei der Sozialistischen Bruder-länder wurde von einer anderen Delegation der Deutschen Demokratischen usw. am Flughafen unter Anteilnahme von Genosse Minister... und Parteisekretär... und FJD-Sekretär... und... und... und... empfangen, begrüßt, mit Küßchen bedacht, mit Blumen bestückt, was auch immer. Eine Konferenz über... hat eine Konferenz von ... und... und... und... empfangen, beherbergt, energisch festgestellt, daß es so nicht... und so fort.

Und man konnte so schön zwischen den Zeilen lesen, vor allem im Wirtschaftsteil.

Da stand dann zu lesen, daß im Kreis Löbau die Kleineisenindustrie ihr Plansoll um 104 % überboten habe, (d.h. zwischenzeilig gelesen: es gab mal wieder keine Schrauben oder Nägel); im Kreis Calau habe die Porzellanindustrie ihr Plansoll um 105 % überboten (d.h. Es gab mal wieder keine Teller, nur Ausschußware mit Blömekens); dagegen o Schreck, die LPG Friede, Freude, Eierkuchen in der Uckermark habe ihr Plansoll nur um 96 % erfüllt (d.h. also gibt's bald wieder Goldbroiler? Oder kann man vielleicht mit mehr Eier rechnen? Oder war etwa vielleicht Leberwurst zu kriegen?) Es war die spannendste Lektüre überhaupt.

Und damit auch der letzte Dorftrottel davon Kunde bekam, wurden alle diese wirtschaftlichen Errungenschaften in der AK (Aktuelle Kamera) des DDR-Fernsehens von einem geschulten Sprecher noch einmal im Geschwindmarsch heruntergebetet. Und das jeweils im Monats-abstand. Und mit Hintergrundbildern: Rauchende Schlote, ratternde Traktoren, klappernde Kombines.
Und wenn dann einer im Kulturteil die Segnungen des sozialistischen modernen Kunststiles haarklein zerzwiebelte, dann wurde es richtig interessant.
Es war jedoch eher zum Weinen.
Am liebsten las man das Kleingedruckte der Parteireden. Das war so ein Geschwafel, daß man damit an die hundert Stunden stilistische Kleinübungen für Scharen von Germanisten abhalten konnte, ohne auf ein Ergebnis Rücksicht zu nehmen.
Im Abo lieferte die Post an meinen Freund die Armée-Rúndschau, die an den Kiosken meist schon kurz nach Erscheinen vergriffen war, wir kannten sie unter uns nur als Árme Rúndschau:

Welch ein unvergeßlicher Eindruck, wenn man – kopfschüttelnd – die Rubrik las (laut vorlas, wohl gemerkt!): „Soldaten schreiben für Soldaten." Gedichte! Schwulst!! Kitsch!!! Verhohnepiepelung der Armee!!!!
Nicht zu vergessen das Typenblatt mit irgendeinem Düsenflieger oder Panzer oder die Kunstblattabteilung oder die unsagbar krause Kurzgeschichte, wo stets heldenhafte Partisanen (oder dergleichen) bösen deutschen Faschisten auf die Rübe hauten oder arme Russenjungen edelmütig für Rodina hungerten, stritten und dahinfielen.
Leider konnte man da nicht so zwischen den Zeilen lesen.
Das konnte man auch nicht bei den Spruchbändern und Plakaten, die oft absichtslos und meist auch unbeachtet vor VEBs und LPGs herumstanden und heroische Transparente und Aufrufe in Weiß auf Rot verbreiteten, mit dem Tenor „Wo wir sind, ist vorne!" Denn sie waren meist einzeilig geschrieben...

Katastrophenalarm

Es war der kälteste Winter seit Menschengedenken, um Weihnachten herum. In den zwölf heiligen Nächten zwischen Weihnacht und Neujahr verbrachte ich meinen Winterurlaub in Lübbenau, in der Neustadt. Es war in der Tat bitter kalt, daß man zwei Pullover überziehen mußte in der Plattenbau-Wohnung, trotz schnaufender Heizung fror man ein bißchen. Mein Freund war im Kraftwerk beschäftigt, hatte aber gerade ein paar Tage Urlaub, weil ich mit ihm und seiner Familie Silverster feiern wollte. Um den Paßformalitäten Genüge zu tun, mußten wir – denn zwischen Weihnacht und Silvester war der VOPO-Stützpunkt in Lübbenau geschlossen – in die Kreisstadt Calau fahren, um mich an- und abzumelden. Mein Freund besaß immerhin einen Trabbi. Der war vor Kälte zugefroren, obwohl er in der Garage stand. Günther taute das Türschloß auf, organisierte eine Karbid-Heizofen, zwängte mich in den Beisitz und versuchte, loszufahren, was nach einigem Motorengestotter auch gelang. Im Nu war die Straße außerhalb des Neubaugebietes nur noch als Schneewehe zu erkennen. Der Atem gefror an der Windschutzscheibe zur Eisschicht, in die wir fünf-Mark-große Sichtluken hauchten und mühsam durchsichtig hielten. Dann fing es erneut an zu schneien. Wir hatten aber Glück, kein einziges Auto kreuzte die Fahrbahn, die irgendwo neben den Alleebäumen liegen mußte.

Endlich tauchten im Halbdunkel die ersten Lichter von Calau auf, kein Mensch auf der Straße, die Autos als Schneehaufen getarnt. Wir fuhren direkt zur Polizeistelle und erwischten immerhin die Meldebehörde in einem lauwarmem Dienstzimmer. Der Beamte mit Pelzkappe und dickem Dienstwintermantel saß frierend am Schreibtisch und hatte seine Stiefel samt Füßen auf ein Heizöfchen gestellt, das vorne offen seine Heizschlangen glühen ließ. Er war freundlich und bemerkte: Na, bei dem Wetter hätten Sie ja auch noch morgen oder übermorgen Zeit gehabt... – Ja, aber die Polizei in Lübbenau ist zu zwischen Weihnacht und Neujahr. – So? Na dann geben Sie mal her!
Und waltete seines Dienstes und stempelte gleich Rein wie Raus, mit Siegel und Devisenbe-scheinigung.

Auf der Rückfahrt übrigens hatte es aufgehört zu schneien. Aber das Karbid-Öfchen schaffte es nicht, irgendeine Ahnung von Wärme im Auto zu erzeugen, und halb zu Gefrierfleisch gefroren kletterten wir daheim dem Auto und schlichen aus der Garage.

Silvester und das anschließende Neujahr war der Höhepunkt des Erlebbaren. Zumindest was die Kälte betrifft. Silvester am Nachmittag bereiteten wir das mitternächtliche Fest vor, Salate schnippeln, Häppchen vorbereiten. Da kam einer vom Kraftwerk, klingelte an jeder Tür des Aufgangs und verhandelte mit den Leuten: Alle Männer des Kraftwerkes zum außerplan-mäßigen Einsatz in den Betrieb. Die in den Loren geladene Braunkohle war festgefroren und mußte aus den Waggons geschlagen werden. Die Spitzenleistung des Kraftwerkes war in Gefahr. Dick vermummelt mit Schal, Mütze und Fäustlingen zogen die Männer ab, teils schimpfend, teils gottergeben.

Und dann ging es Schlag um Schlag. Die Zentralheizungen wurden lauwarm und kalt. Das war gegen fünf. Das Licht flackerte und erlosch. Das war gegen sieben. In Vorsorge ließen wir Wasser in die Badewanne, denn wenn der Strom ausfiel, würde bald das Wasser durch die stillgelegten Pumpen ausbleiben. Um noch mehr Wasser zu bekommen, stellten wir einen großen Kessel Schnee vom Balkon auf den Gasherd, der jetzt auf vollen Touren lief, den Backofen auf zwecks Heizungsersatz, die Platten zwecks Schneeschmelze im Kessel. Auf diesen Gedanken schienen übrigens alle Lübbenauer gekommen zu sein, denn nun ließ auch der Gasdruck nach und bald erlosch er ganz. Wie in Kriegszeiten scharten wir uns um eine Kerze, gehüllt in alles, was man so kriegen konnte an Decken, Plaids, Überziehern und Pullovern. Immerhin, genug Schnaps zum Befeuern und Heizen des inneren Menschen hatten wir ja (es war Silverster), und den Sekt brauchte man auch nicht kaltzustellen (es war Westsekt!), der stand schon eisgekühlt nur so auf dem Tisch herum, nicht im Eisschrank. Aber heißer Tee? Fehlanzeige! Mißmutig kramte man im Campingzeug auf dem Hängeboden herum, um wenigstens einen Esbit-Kocher aus seinem Winterschlaf zu wecken. Dann machten wir uns einen heißen Punsch mit wenig

Tee und ganz viel Rum. Silvester war um Mitternacht gelaufen, ohne Feuerwerk und ohne Männer im Block. Die kamen gegen 3 Uhr in der Nacht, völlig erschöpft und durchgefroren wie aus einem sibirischen Straflager, freuten sich über was Heißes, und sanken ins Bett. Am nächsten Tag ging wenigstens wieder teilweise der Strom, aber der Rest war neese. So beschloß ich, den Abendzug zu nehmen und vorzeitig heimzufahren. Kurz vor acht standen wir im Bahnhof mit vielen Leuten, die gleichfalls nach Berlin wollten, und harrten des Zuges, der da verspätet kommen sollte. Wieder ging der Strom aus. Der Bahnhofsvorsteher rannte mit einer Blendlaterne hin und her und suchte Ordnung zu schaffen, schimpfende Fahrgäste zu beschwichtigen, Zeichen für Weichensteller und Eisenbahner im Gleisbett zu geben, die irgendwelche Schienen vom Eis befreien mußten. Endlich kam der Zug an, der einzige Lichtblick in Lübbenau, natürlich übervoll, natürlich übermieft, man quetschte sich hinein. In Lübben wurden noch weiter zugequetscht, und harrte bis KW auf einem Bein aus. Dort bestieg man die eiskalte S-Bahn Richtung Berlin, und kurz hinter Ostkreuz, als man schon fast die Friedrichstraße sah, blieb die S-Bahn mit einem Ruck stehen und erlosch. Am Bahndamm lief ein Eisenbahner entlang, öffnete die Türen und bellte: Triebwerkschaden, alles aussteigen. Aus der Höhe in den tiefen Schnee! Alte Mütterchen mußten hinabgelassen werden, andere sprangen beherzt. Manche setzten sich auf den Bahnboden und ließen sich hinuntergleiten. Koffer, Kinderwagen wurden nachgereicht. Frierend standen wir im Schnee und warteten auf einen Zug, der tatsächlich auf offener Strecke im Nachbargleis stehen blieb, um uns aufzunehmen und weiter zu transpor-tieren. Der dreiviertel Meter Unterschied zwischen Boden und Bahn hat mir kaum Schwierig-keiten gemacht, wohl aber dem alten Mütterchen und dem Kinderwagen. Der völlig überfüllte Zug fuhr dann langsam bis Friedrichstraße. Natürlich kamen alle Westberliner, die damit gefahren sind, zu spät zur Grenze, etwa gegen 2 Uhr früh. Am Ausgang vor dem Tränenpalast verteilte ein Bahnbeamter Zettel, als „Entlastungsschreiben für verspätete Transport-leistungen bei der Reichsbahn", die die Zöllner oder Grenzer gelangweilt entgegennahmen. Wenigstens die Zoll- und Paßformalitäten gingen dieses Mal sehr fix, aber damit war das Abenteuer noch nicht zuende. Denn kurz nach 2 fuhr keine U-Bahn und keine S-Bahn mehr, und wir mußten alle dicht gedrängt im U-Bahnschacht noch rund 2 Stunden durchgefroren ausharren, bis wir nach Hause fahren konnten, glücklicherweise in einem warmen Waggon.

Man hat mich
zu oft mit
durchs Sieb geschüttelt.
Ich war nicht
kantig genug
für die Maschen.
Da bin ich
weich gefallen
ins nächste Netz.
Und hab' mich
noch kleiner gemacht.[5]

Die Wende

Die Wende erlebte ich auf der Mauerkrone des Brandenburger Tors, in der Nacht zum 9. November, und da ich einen auffallend rotkarierten kanadischen Janker trug, der innen mit Kunstpelz gefüttert war, bin ich auf manchen Fotos eindeutig zu erkennen. Wir sind zu zweit dorthin gefahren, haben nicht nur die Mauerkrone bestiegen, wir mußte dazu ein Fahrrad malträtieren, das gerade da herumstand, sind auch auf der Ostseite, die ja nicht ganz so hoch war, hinuntergesprungen und in kleinen Grüppchen durch die Doppelreihe der Wachtposten hindurchgelaufen bis zum Absperrungszaun Unter den Linden und dann wieder zurück. Die Wachtposten hielten die Gewehre im Anschlag, ein Mädchen steckte ihnen Blumen in die Flintenläufe, sie dagegen verzogen keine Miene und standen steif wie die Denkmäler. Anschließend schwangen wir uns wieder auf die Mauerkrone und begannen zu hüpfen (vor Kälte) und auf der überraschend breiten Fläche entlangzumarschieren, hin und her, ständig die Wachtpostendoppelkette im Visier. Doch es geschah gar nichts.
Am nächsten, späten Nachmittag standen unvermittelt einige Freunde aus Ostberlin vor meiner Wohnungstür, begehrten Einlaß, Abendbrot und ein kärgliches Nachtlager, weil sie am nächsten Morgen möglichst früh wieder

---

[5] AR Armeerundschau Soldatenmagazin 5/90, 94

aufbrechen wollten, um das Begrüßungsgeld von DM 100 abzuholen. (Irgendwie war das am Vortag nicht mehr möglich, die Schalter hatten wohl schon wegen zuviel Andrang und Überfüllung geschlossen). Noch vor dem Frühstück stürmten sie los, der eine nach Science Fiction lechzend, der andere wollte für seine Frau einen West-BH, der dritte wußte noch nicht so recht, was, aber Kassetten bestimmt... Das romantische Ost-West-Nachtlager, wobei 7 Personen in 2 Zimmern pennten, war aufgehoben.
Um Neun waren endlich die Schalter offen. Es gab in der Karl-Marx-Straße (Neukölln wohlgemerkt!) nicht nur an den zahlreichen Banken, sondern auch in kleinen, leerstehenden Lädchen plötzlich Schalter, vor denen sich die Schlangen schoben, unentwegt nachrückend aus den überfüllten U-Bahn-Schächten. Der Verkehr auf der sonst belebten Straße kam wegen der Fußgänger völlig zum Erliegen. Stolz verkündete mir nachher einer meiner Freunde, er hätte sogar für seine Oma Begrüßungsgeld abgehoben, und manchen glückte es irgendwie, zwei oder dreimal bei der schwungvollen Verteilung der 100 DM hier zu rufen. Ein Rekord: es wurde von fünfhundert gemunkelt, für eine Person. Wie das ging, war mir schleierhaft.
Mit dem Gedränge an den Schaltern war das Problem ja nicht beseitigt, es setzte sofort das Gedränge in den Läden und Kaufhäusern und Supermärkten ein. Plötzlich gab es nicht mehr das, was man brauchte oder was man wollte. Ich erinnere mich an eine Filiale in der Anzensgruber Str., die eigentlich um 9 Uhr öffnete, aber erst 10,30 Uhr aufmachte wegen der Nachfüllung der leeren Regale und Nachladung der letzten Reserven aus dem Keller. Eine riesige Schlange stand davor, man durfte nur einzeln hineingehen, um mörderisches Gedrängel zu verhindern. Da ich immerhin zu dem ersten Drittel gehörte, dachte ich, ich bekäme noch, was ich brauchte: Kartoffeln und Ketchup – Falsch gedacht!
Ossis rauschten mit riesigen Bergen und Kartons voller Lebensmitteln in den Einkaufswagen an mir vorüber. Die Kassierer zählten und kassierten wie verrückt und wirkten so, als ob sie das Letzte Mal kassieren täten. Ich blickte nachdenklich auf die triste Stelle, wo dermal einst das Ketchup sich befunden hatte (Verdammt, ich wollte doch nur 1 Flasche kaufen), und wo es sonst kartonweise gestapelt war. Leer... Was tun?
Da entdeckte ich durch Zufall einen Wagen im Vorbeifahren, in dem ein ganzer Karton Ketchup stand. Rasch ergriff ich die Initiative, eine Flasche Ketchup aus dem Karton (da blieben ihm immerhin noch 15 Flaschen) und sagte zu dem verblüfften Käufer aus der DDR: „Schönen Dank auch!" Mit meinem Kartoffelbeutel (die wurden übrigens nie alle, weil nach Ostvorstellungen viel zu teuer!) und meinem Ketchup bin ich dann zur Kasse geschoben, wo mich der Kassierer stirnrunzelnd anblickte, weil ich nur 1 Beutel Kartoffeln und 1 Flasche aufs Band legte.
Nachmittags ging dann die Kunde, daß der Grenzübergang Sonnenallee geöffnet werden sollte. Um dieses Ereignis nicht zu verpassen, machte ich mich mit Andree auf, das Spektakel zu erleben. Wir kamen per Bus mühsam bis zur Endstation, weil die ganze Sonnenallee bereits fast sechsspurig mit Autos

verstopft war, die alle Richtung Innenstadt (West) fuhren. Die Trabbis röhrten und stanken, und es kamen mehr und mehr, und es hörte einfach nicht auf und ließ auch nicht nach. Aus den Nummernschildern konnte man erkennen, daß nicht nur Berliner, sondern auch Leute aus Brandenburg und dem weiteren Umland angereist waren, um die freie Luft Westberlins zu erschnüffeln, die bald von Zweitaktgemisch bläulich vernebelt penetrant nach Osten stank. Ein Krach von den Hunderten im Schritt fahrenden Autos, ein Lärm von den Schreien der Leute, die mit offenen Fenstern nach der und der Straße fragten, ein Dröhnen von Lastwagen, die plötzlich anhielten und von denen wieder Dutzenden Besucher aus dem Osten herunterhopsten. Es war am ersten Tag die Hölle. Wo wollten die alle parken? Wo wollten die alle kaufen? Wann fuhren die wieder zurück? Und bleibt das nun für Wochen so?

Preisverfall

Die Währungswende erlebte ich am 1. Juli 1990 in Lübbenau bei meinem Freund. Vor der dortigen Sparkasse hatten sich schon um 8 Uhr (ich kam 8,15 Uhr aus Berlin) Leute in einer Schlange eingefunden, um den begehrten Umtausch der Ost- in die Westmark zu erleben. Es wurde viel spekuliert, wieviel man da und dort kriegte, welcher Freibetrag usw. Mein Freund hatte mich am Bahnhof abgeholt, und gegen 8,35 Uhr stellte er sich an den Schlangenschwanz. Die Schlange wurde immer länger – es schien kaum einer zu arbeiten, so voll war der Vorplatz. Ich setzte mich abseits auf eine Bank und harrte darauf, daß mein Freund wieder aus dem Schalterraum herauskam, triumphierend seine DM-Scheine in der Hand wedelnd. Er freute sich, die übrigen Leute dagegen waren seltsam bedrückt, mürrisch und schlurften schweigend Schritt um Schritt zur Kassenstelle.
Nein, es war kein Segen um die D-Mark. Ich sah in der Kaufhalle, wie Westwaren plötzlich die sonst vertrauten Ostschachteln und –tüten an den Rand drängten. Ich selber habe den rasanten Preisverfall dokumentiert: Eine gute Flasche Korn kostete (aufs Etikett gedruckt) 14,80 Mark(Ost), wurde mit einem

Aufkleber 6,50 Mark (Ost) ausgepreist, daneben ein Etikett 3,50 Ost (aufgeklebt) und schließlich 1.- D-Mark West (Etikett, daneben geklebt). Diese Flasche habe ich noch als Erinnerung aufgehoben (der Inhalt ist jedoch leider längst perdü).

Eine Tüte Gewürz, die bei uns im Westen etwa 2,50 DM gekostet hätte, stammte aus unansehnlicher Ostproduktion und wurde in der Kaufhalle mit 5 Pfennig (West) verhökert. Unnötig zu sagen, daß ich ganze Hundert-Schachteln davon kaufte und über Jahre mit Gewürzen vergesorgt war. Eine Dose Schuhkreme habe ich für 3 Pfennig gesehen. Das war das billigste, was mir so aufgefallen ist.

Plötzlich waren auch die Müllkontainer mit Ostwaren, teils auch ganz nagelneuen, vollgemüllt. Ganze Fahrräder, intakte Fernseher und hochwertiges Dekor landeten im Abfall. Die Gurkenfelder verrotteten, weil keiner mehr Gurken haben wollte. Mit Erlaubnis der LPG haben wir damals säckeweise Gurken geerntet und tütenweise in Berlin an Freunde verschenkt.

Auf einmal kamen die Preise bei den Museumsshops arg ins Rutschen. Für künstlerisch vollendet bemalte hervorragende Gipsabgüsse aus der Ost-Gipsformerei wurden Dumping-Preise in DM verlangt, von denen die Westberliner Gipsformerei nur träumen konnte. Deren Preise waren damals das Vierfache so hoch wie an den Ostberliner Museumskassen. Das Bodemuseum und das Kunstgewerbemuseum in Schloß Köpenick beteiligten sich an diesem Ausverkauf der Abgüsse, und wenn man sich nicht gerade auf ein spezielles Stück kaprizierte und noch ein wenig Geduld mitbrachte, wurden die Preise noch ein-, günstigstenfalls sogar zweimal gesenkt. Ich habe so wertvolle Abgüsse von Reliefs, von byzantinischen Elfenbein-täfelchen und altägyptischen Rundplastiken erstanden, die ich mir sonst niemals hätte leisten können.

Sodann kamen damals die Hütchenspieler auf und besonders in der Spreewaldgegend die betrügerischen Machenschaften des sog. „General-Spieles". Man wurde aufgefordert, DM 3000 einzuzahlen in der Erwartung eines hohen Gewinns und mit der Bedingung, zwei oder drei Verwandte zu dem gleichen Irrsinn zu überreden, um dann in einer höheren Stufe als „General" plötzlich sehr viel Geld zu kassieren. Alle Welt sprach nach der Wende davon, auch meine Berliner Freunde schienen nichts anderes mehr im Kopf zu haben, als 3000 DM sinnlos auf die Straße zu schmeißen. Denn natürlich, keiner wurde jemals reich dabei, aber alle ärmer, und manche Freundschaft ging daran kaputt...

Trabbi passé, scheiden tut weh. Plötzlich gab es einen Boom gebrauchter Autos in der EX-DDR, die Straßen wurden vollgeparkt mit irgendwelche Schrottkarren (Hauptsache, sie waren aus dem Westen!). Die Reparaturbetriebe hatten Hochkonjunktur. Mit Ersatzteilen wurde geschachert und danach gefahndet wie nach Krondiamanten.

Im Zuge der Zeit driftete all dieser Autoschrott Richtung Polen, und das ist auch gut so...

Abschied

> Zwei Stecknadeln machen in Ostberlin einen Schaufensterbummel. Die eine klagt: Es gibt wirklich nichts Vernünftiges zu kaufen. Darauf die andere: Vorsicht, hinter uns geht eine Sicherheitsnadel!

Als Westberliner war man ja auf Interzonenzüge angewiesen, wenn man zufällig kein Auto hatte, kein Flugticket kaufen konnte oder wollte und niemanden hatte, der einen irgendwie mitnahm.
Das Elend begann stets in Bahnhof Friedrichstraße. Da wartete man schon lange vor Abfahrt auf den heißersehnten Interzonenzug, stellte Koffer und Reisetaschen bereit und harrte der Dinge, die da kommen wollten. Außerdem kam man hierher, um einen Sitzplatz zu ergattern, (in der Nacht dagegen, um ein halbes Abteil zu belegen, damit man – die Armlehnen hochgeklappt – unbequem aber immerhin liegen konnte und die langen 8 oder mehr Stunden frohgemut verdöste).
Vormittags, da, etwas Neues. Eine weiße Linie auf dem Bahnsteig, von dem der Interzonen-zug nach Westen brauste. Der Zug rollte quälend langsam ein. Sofort stellten sich bewaffnete Grenztruppen auf, die die Fahrgäste hinter dieser neugezogenen Linie halten sollten. Als meine Mutter wildentschlossen mit Koffer und Reisetasche in den Zug einsteigen wollte, wurde sie angeblafft:
Der ist noch nicht freigegeben! Bleiben Sie gefälligst hinter der Linie!
Das war neu für sie, schweigend beugte sie sich ihrem Schicksal. Und dann kamen die Grenzbeamten durch den Zug, mit Taschenlampe und Hund, lugten

hier, lauerten dort, besonders die Klos schienen sie maßlos zu interessieren (man konnte ihr Gewerkel durch die Scheiben beobachten). Und schafften so Wagon auf Wagon flüchtlingsfrei. Wir alle wurden übrigens beobachtet von einigem Wachpersonal, die in luftiger Höhe in den höchsten Stegen der Bahnhofshalle zu beiden Seiten des Halbrundes Spalier standen, und zwar mit gezücktem Gewehr. Das sah man aber nur, wenn man entsagungsvoll den Blick gen Himmel richtete. Mit Aussteigen des Personals stieg das Bahnhofspersonal in blauer Uniform ein. Nun zogen sich die olivgrünen Grenzer von der weißen Linie zurück (einige höfliche junge Grenzer machten sogar die Wagontüren auf und halfen alten Mütterchen ins Abteil), und das Stürmen der Abteile mit Koffer und Gepäck fand statt. Wer einen Fensterplatz hatte, konnte sich freuen. Er hatte ein Winztischchen ergattert, um wenigstens seine Thermoskanne und seine Stullen abzulegen. Dann gellte der Pfiff, und der Zug setzte sich in Bewegung.
Im Bahnhof Zoologischer Garten stürmte eine zweite Meute die Abteile, die besten Plätze waren jedoch wohlweislich schon in Friedrichstraße besetzt oder belegt.
Griebnitzsee war dann Schluß mit Lustig. Die Unterhaltung schlief schlagartig ein. DDR-Zollbeamten schnürten durch die Abteile und machten Stichproben, die DDR-Paßbeamten stempelten ihre Visen (die in Marienborn wieder eingesammelt wurden), der Zug wurde mit Vierkantschlüsseln abgeschlossen und so vor illegalen Zu- und Abstiegen gesichert. Das dauerte und dauerte, und außerdem konnte der Zug so schnell nicht über die maroden Schienen fahren und blieb unverhofft öfters stehen, um einen Güterzug vorbeizischen zu lassen. Und dann kam man in Marienborn an. Erneute Kontrolle.
Nach quälenden 15 Minuten so ganz ohne Zöllner und Paßbeamten im Zuckeltrapp Helmstedt erreicht, die erste Station der Freiheit. Dort wurde auch die Lok gewechselt, und schnaufend schob die Ostlok in Richtung Osten, wohingegen die Westlok den Zug bis nach Köln schaffte. Und noch eine Annehmlichkeit, die mir im Zusammenhang mit Helmstedt einfällt: Endlich wurden die Abteile warm. Aus Energiespargründen hatte man das gesunde Klima in allen Abteilen des Zuges die ganze DDR hindurch knapp oberhalb der Frostgrenze gehalten.

Landbesichtigung und Fundstücke

Um das flache Land besser kennen zu lernen, muß man sich auf Schusters Rappen begeben und den Staub der Großstadt von den Schuhen schütteln. Das einzige Problem war die Hin- und Rückfahrt, da nicht immer die Busse und S-Bahnen pünktlich gefahren sind, wie es der Fahrplan verhieß, und weil man als Westberliner jeweils kurz vor oder um Mitternacht die Grenzkontrolle zu passieren hatte. So mußte man auf mancherlei wunderschöne Heidelandschaften oder lauschige Wälder und einsame Seen verzichten, wenn man wie ich auf die Öffentlichen angewiesen war. Dabei ging es gar nicht so sehr um das Fahrgeld, denn das war sehr billig im Vergleich zu den Preisen im Westen.

Ich wanderte Richtung Wartburg, kam an halb zerfallenen Scheunen vorbei, an zerschossenen Bauernhäusern, an windschiefen Katen, und glaubte, ich wäre in Mittelsibirien, etwa kurz nach dem Endsieg, so trostlos sahen die Siedlungen, die einzelnen Häuser, die Dörfer aus. Aus einer Ecke lugte das Kulturhaus – ein besserer Kuhstall, den man „umgewidmet" hatte und in Eigenleistung als Subotnik immerhin mit einem Fuß- und Tanzboden versehen hatte.

Ich wanderte durch den Fläming – fast das gleiche Bild.

Ich wanderte durch die einsame Hügellandschaft daselbst. Plötzlich ein maßloser Schreck: ein Gewässer, zitronengelb und schäumig, brauste an mir vorüber. Da muß irgendein chemisches Industriewerk seine Abwässer ungeklärt in die freie Natur geschüttet haben.

Ich wanderte durch das Altstadtviertel von Erfurt. Mittelalterliche Ruinen von Fachwerk-häusern, die von Bulldozern platt gewalzt und zu Haufen geschichtet waren. Irgendwo in diesem Schuttgelände fand ich im Müll einen kompliziert geschnitzten Knebel von einem Weberbaum und ein rostiges, mittelalterliches Türschloßfragment.

Ich wanderte durch die Umgegend von Halberstadt. Da fand ich im Müllhaufen eine Gabel aus dem 18. Jahrhundert, zwar völlig verknäult, aber durch die Gravur datierbar.

Ich wanderte durch den Park am Neuen Palais in Potsdam. Da fand ich im Müllhaufen rechts neben dem Schloß – und ich traute meinen Augen kaum – etwas grün Schimmerndes, einen Smaragd, der irgendwie von einer Druse aus dem Muschelsaal abgebrochen wurde und auf dem Müll gelandet war. Der war relativ groß. Natürlich habe ich ihn als herrenlosen Müll betrachtet und behalten.

Ich wanderte durch die Wälder von Rheinsberg. Und da fand ich an einer entlegenen Stelle einen Abfallhaufen des Schlosses Rheinsberg, der voll war mit zerschlagenen Ofenkacheln und anderem Gemülle, aber eine Kachel war wie durch ein Wunder heile geblieben. Sie zeigt die Initialen FR (Fredericus Rex das übliche Wappen Friedrichs des Großen) in einem Rokokorahmen und stammt unzweifelhaft aus einem Zimmer des Schlosses. Ihr Grund ist weiß, Rahmen und Initialen sind von einem leicht getönten Rosa. Auch diese Kachel habe ich gerettet.

Ich wanderte durch die Uckermark – halt! Zwar das gleiche Bild, aber hier muß ich kurz berichten: Ich wanderte also durch die Uckermark, kam durch kleine Dörflein und Siedlungen, wie oben, fand aber um die Mittagszeit keine Gaststätte. Ich fragte, und überall zuckte man mit den Achseln. Doch ich hatte Hunger.
Endlich begegnete ich zufällig einem jungen Mann auf dem Fahrrad, den ich anhielt und ansprach: Sagen Sie mir mal bitte, wo kann man hier essen gehen?
Hier gibt's nur den Dorfkrug, und der macht erst am späten Nachmittag auf. Aber Essen, ne, da kriegen Sie nur Bier. Aber halt, warten Sie! Ich nehme Sie mit...
Verständnislos zuckte ich die Achseln, er stieg vom Rand und schob es neben mir her.
So, sie kommen aus Berlin? Wohin wollen Sie?
Ach eigentlich nirgendwohin, ich wollte mir die Gegend anschauen und ein bißchen wandern. Hätte ich gewußt, daß man hier nichts zu essen kriegt, hätte ich mir ja was mitgenommen.
Unterdessen waren wir bei einem Ferienheim der FDJ angelangt, erkenntlich an den deutlich lesbaren Initialen am Pfosten des Eingangstors. Eine Fahne wehte auch im Vorgarten. Der freundliche junge Mann stellte sein Fahrrad ab und sagte einfach:
Kommen Sie mit!
Wir durchquerten die hochherrschaftlich mit Gips und Gold und Stuck gestaltete Eingangshalle und kamen zum Speisesaal, der oben nicht minder prächtig ausstaffiert, aber unten mit einer langen Tafel und zahlreichen Gedecken ausgestaltet waren. Auf ein Glockenzeichen stürmten von allen Seiten junge Leute, offenbar Studenten, hier zusammen, begrüßten ihn, musterten mich und setzten sich an die Tafel. Mir wurde der Platz am Tischanfang zugewiesen, direkt neben meinem Fahrradfahrer. Der stellte sich als FDJ-Sekretär heraus, was ich draußen auf der Straße nicht wissen konnte, und verwickelte mich sogleich in ein Gespräch. Glücklicherweise wurde die Suppe aufgetragen, und es gab auch Fleisch, gemischtes Gemüse und Kartoffeln. Beim eifrigen Kauen und Schlucken hielt sich unser Gespräch in Grenzen. Mir wäre gar nicht wohl gewesen, wenn er herausgekriegt hätte, daß ich aus Westberlin... und direkt in ein Ferienhaus der FDJ und überhaupt...
Aber er hat es nicht gemerkt – ND sei Dank, denn damit habe ich ihn mit zähen Floskeln gelabt, so wie er mich mit Speis und Trank gelabt hat. Und als ich etwas verschämt von Bezahlen murmelte, brach er in schallendes Gelächter aus und meinte:
Es ist doch genug da, wolltest du noch etwas mehr?
Nach dem obligaten Verdauungsschnaps – Marke: auf einem Bein kann man ja nicht stehen! – zog ich schnell und des Dankes voll von dannen, weil ich doch noch weiter wandern wollte! Mit dem Klassenfeind an einem Tisch das Brot geteilt, und das unerkannt – ojoijoi. Also nachträglich: Ein herzliches Dankeschön an die FDJ!

Meine schönsten Gedichte
sind die,
die keiner kennt.
Die ein Traum für mich bestellte.
Dich ich, erwachend,
schon ganz anders wieder dachte.

Meine schönsten Gedichte
sind die,
die keiner kennt.
Die auftauchen zwischen zwei Sonnenstrahlen.
Die der Wind zerreibt,
bevor ich sie zu Ende gedacht. [6]

---

[6] AR Armeerundschau Soldatenmagazin 1/90, 28

Die geheime Siedlung in Wandlitz

Ich wanderte durch das dicke Unterholz von Wandlitz, das sich um die geheime Bonzensiedlung herum gebildet hatte, und begegnete zweierlei Schildern: im Außenkreis das Schild *„Wildschutzgebiet – Bitte nicht stören"*, im inneren Kreis das Schild: *„Sperrgebiet. Unbefugten ist das Betreten, Befahren..."* usw. Dieses Schild war ganz neu, sozusagen fabrikfrisch. Entschlossen schraubte ich es ab, hüllte es in meinen Mantel und schaffte es beiseite, in der bangen Hoffnung, mich würde keiner erwischen. Denn damals stromerten noch Polizisten und Sicherheitskräfte zu Hauf in dem Wald um Wandlitz herum.
Da es seitdem an meiner Tür zum Arbeitszimmer hängt, hatte mich keiner erwischt:

Das war ganz kurz nach der Wende, aber noch vor Einführung der D-Mark. Leider ist mir das „Wildschutzgebiet"-Schild durch die Lappen gegangen, denn als ich zwei Wochen später die gleiche Stelle besuchte, waren sämtliche Schilder abmontiert, und es gab nur leere Pfosten.
Und als ich kurz darauf noch einmal die Siedlung heimsuchte, kam ich sogar hinein. An der Pforte wartete ein Mann mit Auto auf Kundschaft, die ihm die kleine Broschüre über die Bonzensiedlung abkaufen würde, außerdem besaß er Farbfotos von den Anlagen, unmittelbar nachdem sie aufgelassen wurde. Er erzählte stolz, er hätte Honneckers Sessel, der im Garten stand, bei sich zu Hause einquartiert, und ob ich den nicht einmal sehen wollte. Bei diesem meinen ersten Besuch in der Siedlung fand ich nicht nur die innerste Mauer (samt Stachel-draht und Stromtrafos zur Hochspannung für diesen Draht) intakt, sondern auch noch die Brunnenfiguren aus Bronze von Mielke (Panther), Honnecker (Hahn), Honnecker (Hackenkratzer an der Eingangstür), Aktivistin (vor der Kaufhalle), Chinesisches Räucherbecken (Chinarestaurant), Bronzeknauf (Tisch-Villa) vor. Man konnte in die Häuser und Anlagen nur von außen hineinsehen. Im Chinarestaurant prangten im Fenster rote Laternen mit schwarzer Schrift: Es war das chinesische Schriftzeichen für „Glück", die irgend so ein Depp auf den Kopf gestellt hatte – nach chinesischer Auffassung brachte das eben Unglück.
Bei meinem dritten Besuch waren alle die Bronzefiguren bis auf Stümpfe abgesägt und geklaut, und man rüstete sich schon, eine Kinderklinik aus den kleinen Häusern zu machen. Die Kaufhalle war ihres Innenlebens beraubt, und das Ganze sah noch verwahrloster aus wie am ersten Besuchstag. Auch das Chinarestaurant war nur noch ein Schatten seiner selbst, und das sog. Sportzentrum sah aus, als hätte es hundert Jahre auf dem Buckel, so rissig und verbraucht sah seine Betonterrasse aus. Nur die Umfassungsmauer prangte in voller Schönheit, einschließlich des kunstgeschmiedeten Eingangstors mit dreifacher Schleuse. Das war nicht totzukriegen.

Datschenkultur

Da die Wohnungsproblematik in der DDR trotz aller Aufrufe, Appelle, Subotniks und herrlichen Vierstöcker-Plattenbauten bis zum bitteren Ende nicht gelöst werden konnte: man nannte die Neubauwohnungen wegen ihrer Größe „Arbeiterschließfächer" und konnte in bestimmten Regionen des Prenzlauer Berges direkte Kriegsszenen des 2. Weltkriegs drehen, da die Altbauten so runtergekommen waren, als wären gerade eben gestern Bomben gefallen und hätten vorgestern Maschinengewehre Löcher in die Fassaden geballert. Sie wären mit verdrecktem Außenklo und vierfachem Innenhof direkt als lebendiges Zillemuseum zugelassen, um die Ausbeutung der Arbeiterklasse in der Kaiserzeit und das Elend den Goldenen Zwanzigern eindringlich vorzeigbar und erlebbar zu machen.

Weil das alles so war, gab es Datschensiedlungen am Stadtrand, wie alles strikt organisiert und streng reglementiert. Jeder, also fast jeder, besaß oder wünschte sich eine solche Datsche. Von der einfachsten Holzhütte bis zum Marmorpalais – man konnte alles erkunden und wußte auch sofort, woran der sozialistische Wohnungsbau deutlich sichtbar krankte: am Material-schwund, der über verschlungene, unterirdische Kanäle unvermittelt in den Datschen wieder auftauchte: hier eine Waschbetonplatte, dort ein Glasziegelstein (welch ein Luxus!), hier ein Rohr, dort eine Latte, hier ein Kilo Nägel, dort ein Paket Zeitungen fürs Plumpsklo, hier eine Rolle Dachpappe, dort eine Partie ‚Moschendrohtzaun' für den ‚Knollärbsenstrauch" (so ein Schlager von Stefan Raab).

Doch damit nicht genug: Man schleppte häßliche Gips-Gartenzwerge aus Polen in Massen herbei, schmiedete Wetterfahnen und Rehskulpturen aus Abfalleisen und Rundstäben, hortete Wagenräder oder Dreschflegel, um die Nachbarn ob des rustikalen Ambientes zu ärgern und trieb sonstig völlige Überflüssigkeiten. Ich denke da an die gehäkelten Püppchen, die im Fond der Trabbis geschämig die Klopapierrolle verdeckten, am liebstens in Mint oder Altrosa. Nicht den Wackeldackel vergessen! Ich denke an Vasen, die aus Wäscheklammerhälften geklebt und mit Brandmalerei geschmückt waren, an Bierhumpen in schiefgetöpfertem Eigenbau... Bis dann endlich auch die Industrie nachzog und neben Schwermaschienen „Bedarfsartikel des täglichen Gebrauchs" aus Blechresten bastelte wie eine „Unfaßbare Teeleuchte", deren Griff sich direkt über der Flamme wölbte; oder den „Hausgreul": Aus einem runden Plastikfuß wuchern elastische Drähte in alle Himmelsrichtungen, an denen bunte Glitzerperlen aufgeklebt sind. (Wenn man zufällig gegen die Sprelakart-Schrankwand stieß, gerieten sie in putziges Wackeln).

Das alles wäre nicht so schlimm gewesen, wenn es sich in Grenzen gehalten hätte (es hatte, es hatte, denn der antikapitalistische Schutzwall war ja schwer bewacht!). Überall, wo es schöne Gegend gab, Seeufer oder einsame Kiefernwälder, wucherte die Datschensiedlung. Es gab wilde und genehmigte, große und kleine, protzig offene und schamvoll versteckte. An einem bildschönen Waldsee in der Gegend um Flecken-Zechlin gab's eine Bonzensiedlung, deren ungeklärte Seifenlauge aus den zahlreichen Waschmaschinen den See weißschäumend verfärbte und die armen Fische tot machte. An einem herrlichen Steilufer in der Nähe von Wolgast: wucherte usw. Und im Harz, an der Bode, und im Spreewald am Kanal und in Oranienburg am See mitten in den Kieferwäldern, und am Oderufer.
Man konnte hintreten, wo man wollte: Schon wieder eine wilde Siedlung.
Es gab auch Humorvolles in den Siedlungen: Eine Datsche nur aus geklauten alten Türen aus Abrißmaterial von Altbauten zusammengenagelt, und die Türfenster als Fenster wieder-verwendet. Ein Plumpsklo mit Alufoliendach, das traulich durch die Sträucher schimmerte. Und als kurz nach der Wende das Satellitenfernsehen in der DDR aufkam und jede Datsche ihre Schüssel haben mußte, eine prächtiger und breiter als die andere, nagelte ein Witzbold eine Auto-Radkappe an eine Zaunlatte auf seinem Dach und täuschte so eine Schüssel vor und machte sich vor allem über seine Nachbarn lustig.

Diebstähle

Wenn man das ND aufschlug, oder die BZ (Berliner Zeitung aus der Hauptstadt der Republik), die Märkische Volksstimme oder die „Lauseschau", wie die Lausitzer Rundschau im Volksmund hieß, gab es allenfalls im Regionalteil drei Zeilen oder vier mit den schrecklichen Meldungen von Verbrechen, die der Sozialismus so gerne den Kapitalisten in das Stammbuch schrieb. Meist waren es Mord und Totschlag. Diebstahl? Nein, so was gab es nicht in der sauberen Republik (wenigstens, wenn man diesen Zeitungen traute). Doch leider, leider, es gab sie doch. An zwei gravierende möchte ich erinnern, die zwar nicht so spektakulär waren, wie ein Elektroschweißgerät aus dem Kraftwerk oder ein mitgenommener Schal aus der HO, aber immerhin.

Mein Freund hatte für mehrere Jahre eine Datsche gepachtet. Sie war eine karge Holzhütte ohne jede Inneneinrichtung, ohne Wasser, ohne Plumpsklo, aber wunderschön an einem einsamen Seitenkanal mitten im Spreewald gelegen und halb hinter hüfthohem Gras versteckt. Darin verlebten wir im Sommer eine herrliche Urlaubswoche, und ich machte viele schöne Farbdias von der umgebenden Natur, den Sonnenuntergängen, den Grillnachmittagen und auch von der Datsche. Doch ihre einsame Lage wurde ihr Verhängnis, und Gelegenheit macht Diebe. Auch und gerade im sozialistischen Inland.

Im Herbst erfuhr ich von meinem Freund, daß die Datsche weg sei, geklaut, nicht mehr zu finden. Wir fuhren mit dem Kahn zum Ort des Geschehens, denn andersweitig konnte man nicht dorthinkommen, und fanden in der Tat nur den gemauerten Unterbau, von der Hütte fehlte jede Spur. Im angrenzenden Gebüsch lagen einige Bretter, die von ihr stammen mußten. Tür, Fenster, Giebel, Dach, alles waren verschwunden. Das ließ meinen Freund nicht ruhen.

Am Spätherbst hatte er auf einem entfernteren Grundstück durch Zufalle ein Corpus delicti entdeckt, den grüngestrichenen Giebel seiner Hütte. In einer Nacht- und Nebelaktion fuhren wir vor, ich knipste heimlich den Giebel und das Grundstück, ohne erwischt zu werden, und schaffte die Foto-Beute heimwärts. Dort ließ ich die Bilder von der Hütte und vom Giebel entwickeln und drückte sie meinem Freund als Beweismittel in die Hand. Er erstattete Anzeige, diesmal nicht gegen Unbekannt, sondern bekannt, weil er herausbekommen hatte, wem

das Grundstück gehörte, auf dem der Giebel lag, und legte zum Beweis gleich die Fotos bei. Was sich aus dieser Sache entwickelt hat, weiß ich jedoch nicht. Es kam jedenfalls zur Anzeige und zu einem Strafbescheid.
Fotos waren auch der zweite Anlaß zur Erinnerung an einen dreisten Diebstahl im Schloßpark von Lübbenau. Jahre- wenn nicht jahrzehntelang war die Orangerie des Schlosses der Fürsten zu Lynar eine Ruine, bis sich irgendein Kulturbeflissener dazu aufraffte, sie halbwegs zu restaurieren, außen anzumalen und darin ein kleines Museum zu eröffnen mit den wenigen Hab- und Seligkeiten, die von der einstigen Fürstenpracht übrig geblieben waren: Darunter immerhin einige Gemälde von Pesne, dem Hofmaler Friedrich des Großen, und ein paar Schaukästen voller Porzellan, Schmuck und Nippes.
Am Eröffnungstag, einem Samstag, war ich einer der seltenen Gäste und zückte meine Kamera, um trotz der schlechten Beleuchtung die wichtigsten Kunstwerke zu knipsen. Ich fotografierte einen ganzen Farbdiafilm voll: Gemälde, die mir gefielen, Ansichten vom Schloß Lübbenau, Fürstenporträts, Meißner Porzellan, darunter Mokkatassen mit Boden-bemalung, eine Rokoko-Kaffekanne mit Siebaufsatz, eine Salatschüssel, den Schmuck, kurz alles, was mir bemerkenswert schien, da diese Dinge bislang niemals öffentlich zu sehen waren. Einen Katalog gab es natürlich nicht, und von Postkarten erst recht keine Spur!
In der folgenden Woche unmittelbar nach der Eröffnung wurde von kundiger Hand ein Fenstergitter aufgesägt, ein Einbruch vorgetäuscht(?), und die wertvollsten Stücke der Ausstellung in der Orangerie geklaut, bei Nacht und Nebel. Sie waren verschwunden. Es war damals das Tagesgespräch von Lübbenau. Spezialisten von der Polizei suchten vergeblich nach Spuren, man wußte nicht einmal, was eigentlich verschwunden war, denn es gab keine Liste, kein Inventar, keinen Katalog. Mein Freund informierte mich brieflich darüber, und bei meinem nächsten Besuch brachte ich Papierabzüge meiner Dias mit und übergab sie der Polizei. Der Kommissar war unheimlich dankbar für meine Bilder, bat mich aber, auch die Dias (allein schon wegen der Farben) auch mitzubringen. Beim nächsten Besuch lieferte ich sie auch ab.
Mein Fragezeichen beim VORGETÄUSCHTEN Diebstahl steht übrigens zu recht: Hier waren Spezialisten (nicht nur für Einbruch, sondern auch für Kunst) am Werke, denn nur die Dinge waren geklaut, die ich geknipst hatte(!). Und irgendwann tauchte tatsächlich eine bemalte Mokkatasse aus diesem Einbruch in einer Kunstauktion in Amsterdam auf.
Ich vermute, daß die KOKO-Spezialisten diesen Museumsklau verübt haben und den größten Teil gegen Devisen in den Westen verscherbelten. Ob eines von den Gemälden im Kunst-handel aufgetaucht ist, entzieht sich meiner Kenntnis.
Jahrelang bis kurz vor der Wende standen auch im KADEWE in der Antiken Möbelabteilung Einzelstücke zum Verkauf, die zweifelsfrei aus KOKO-Beständen stammen mußten: Porzellane, Majolika, Sekretäre, Kupferkannen, Bilder usw. jeweils immer ein bißchen oder sogar erheblich billiger als im Westberliner Kunsthandel in der Uhlandstraße.

Braunkohlencity

Es war sehr bemerkenswert: Der Osten, die DDR hatte ihren eigenen Geruch. Eines schönen Morgens fuhr ich früh auf der Autobahn Richtung Süden, und gleich zu Beginn machte sie eine leichte Einbuchtung in einer Senke. Darin wogte und wallte der Morgennebel, so dachte ich. Jedoch weit gefehlt! Es waren geballt die gesammelten Abgase der Autos, die in der Nacht vorbeigefahren waren, und es stank ganz entsetzlich, trotz geschlossener Fenster.

Der blaue Trabbi-Nebel mischte sich mit den qualmenden Essen der mit Braunstückkohle beheizten Kachelöfen, und dazwischen der stechend beißende Geruch von Phenylen und Phenolen, die zwecks Desinfektion in allen öffentlichen Gebäuden Anwendung fanden, und dort besonders auf den Klos. Dafür mieften die Gänge nach unsäglichem Bodenöl bzw. unvermeidlichem Bohnerwachs. Sodann der faulige Muff in den Gemüseläden, der von vergammelten Kartoffeln herrührte, der vordringliche Gestank in den HO-Läden aus den abgelagerten Milchflaschen, der eigenartige Geruch von Plastemöbeln (sobald sie neu geliefert waren), der seltsame Duft der Spannteppiche in Neubauwohnungen. Dagegen war das graublaue Müffeln der Kraftwerkwolken schon direkt eine Erholung zu nennen. Von Wolfen und Bitterfeld hörte man so einiges, was Industriegestank anlangte. Auch da ist mir einmal regelrecht schlecht geworden, obwohl ich sonst hart im Nehmen bin. Schlecht wurde mir auch in Erfurt, das in einer Senke liegt, was die Zusammenballung unsäglicher Miefigkeiten begünstigte. Und einmal wurde mir übel in einem historischen Fachwerkbau, der offenbar gegen Schädlinge mit Giftgas behandelt worden ist.

Hinzu kam der Duft billiger Parfüms, billiger Deos, billiger Rasierwässer und billiger Wasch- und Scheuerpulver, die den Menschen und den Haushalt „frühlingsfrischer" gestalten sollten. Spee duftete zwar auch recht künstlich, aber immerhin. Nur „billig" stimmt nicht: Parfüm WAR teuer, Deo WAR teuer, Rasierwasser WAR teuer, und alles dies war für westliche Nasen ein einziges BRRR. Auch konnte man dergleichen Luxus meist nur im Ex kaufen (Exquisit zu exquisit hohen DDR-Mark-Preisen!) denn die gewöhnlichen Drogerien hatten Waren geringeren Anspruchs – d.h. sie stanken also bestialisch.

Heute ist das alles meistenteils vergeben und vergessen, und auch die Luftqualität in Braunkohlencity hat sich merklich verbessert. Wenn einen aber das Ostalgiefieber so richtig schüttelt, sollte man ins benachbarte Polen fahren, dort gibt es zwar auch keinen Zweitakternebel mehr, aber immer noch Industrie und Desinfektion und Bohnerwachs und gammelige Kaufhallen und billiges Parfüm – alles wie gehabt.

Essen und Trinken

Es gab in der DDR aber auch bestialischen Geschmack. Mit meiner Schwester (aus Westdeutschland) bin ich zum Fernsehturm gefahren, weil sie Berlin von Oben sehen wollte, und nach länglichen zwei Stunden Anstehen erwischten wir auch eine Karte für das Restaurant. Sie war etwas teurer als die Aussichtsplattform, aber da konnte man wenigstens sitzen. Leider herrschte dort oben Verzehrszwang, und so bestellten wir eine BRR... eine Club-Cola. Ein vorsichtig prüfender Schluck, meine Schwester spuckte alles ins Glas zurück und meinte: Untrinkbar! Fand ich auch: Absolut, und das für exquisite 4,50 OSTMARK. Wir haben nach einer dreiviertel Stunde Karussellfahren anschließend auf dem Klo den Mund gespült und danach unseren Durst mit Kranenberger Auslese gestillt.

Nicht nur die „gehobene Gastkultur" bei den HO-Gaststätten soll hier erwähnt werden, in deren Einrichtungen, so in der Bahnhofsgaststätte Königs Wusterhausen, man herrliche Kreationen kosten durfte, wie lauwarmen Muckefuck, der sich Kaffee nannte, (weshalb man um so lieber einen Tee trank) oder ein ranzig gequältes Grillwürstchen mit schwärzlich verkohlten Bratkartoffeln, nicht zu vergessen die „Sättigungsbeilage", die stets und ständig aus einem armseligen Häuflein angestaubten Rotkohl- oder muffigen Weißkrautsalates bestand.

Sondern auch die eigentümlichen, doch unvergeßlichen Tempolinsen in ihrem grauen Karton, der mit schwach grünlich gedrucktem Etikett von vornherein keinen vertrauenserweckenden Eindruck machten. Als wir sie aufs Feuer setzten, vertrauten wir ja noch der Beschreibung und kochten sie „Tempo-Tempo!" die vorgeschriebene Zeit, das Ergebnis war nieder-schmetternd: sie

blieben hart. Wir kippten Natron zu und kochten sie noch eine Weile, da blieben immer noch harte Linsen übrig. Wir kochten weiter und hofften auf einen leckeren Linsenbrei, obwohl das gar nicht auf der Packung stand, jedoch es blieben einige Linsen so hart wie Felsgestein. So aßen wir schließlich Tempo-Brei mit „Spuckkernen" und versicher-ten uns gegenseitig, das läge am harten Wasser hier in Lübbenau.
Unvergeßlich auch die Sonja-Margarine, der viereckige kleine Würfelklotz. Sie wollte und wollte nicht punkten. Auf dem Brot schmeckte sie wie Wischwasser, im Kochtopf spritzte sie Fontänen ringsum auf den Herd und wollte weder braten, noch backen, noch schmoren. Beim Backen erwies sie sich zäh wie Schusterleim und wollte und wollte sich nicht zum Rührteig mausern. Da half auch kein kurzes Abstellen der Backschüssel in heiß Wasser.
Unvergeßlich auch die sogenannte Limonade in den kleineren Flaschen. Sie hatte eine künstliche Farbe, hatte einen künstlichen Geschmack, schmeckte zuerst klebrig süß, dann nach irgendwie Chemie (auf keinen Fall aber nach Apfel, Himbeer oder Waldmeister, wie das Etikett frech vorlog) und machte den Durst nur noch bemerkbarer. Selbst in eisgekühltem Zustand war es eine Zumutung, diese Brause zu trinken. Und früher, vor längerer Zeit gab es dafür sogar westlich anmutende Getränkeautomaten, wo man nach Einwurf eines Geldstückes einen Plastebecher dieser Scheußlichkeit automatisch abgefüllt bekommen konnte.
Von Bier in der Provinz einmal ganz zu schweigen. Von dem unglückseligen Missener Export habe ich ja schon gesprochen. Es gab da auch noch andere Scheußlichkeiten, wie die Spreewaldperle oder das Hasseröder. Zugegeben, die Exportbiere der DDR, die man im Westen billig in Supermärkten kaufen konnte, waren „weltweit Westniveau" und gut; sogar sehr gut, wenn man auf den Geldbeutel achten mußte, denn sie waren immer einen Tick billiger als vergleichbare Westbiere. Aber auch sie gab es nicht immer (sogar in westlichen Supermärkten herrschte strikte Planwirtschaft) genau wie in der DDR. Plötzlich fuhren alle Spreewälder nach Cottbus, um irgendeine Sorte Bier zu ergattern, aber es mußten die BRAUNEN Flaschen sein, nicht die grünen, und es durfte keine Schliere im Korpus der Flasche zu entdecken sein. So ein „Schlierenbier" war nämlich umgekippt, und es schmeckte – siehe oben – Untrinkbar!
Untrinkbar waren die Weine, abgesehen davon, daß sie extrem teuer und daher „Luxus" waren. Ich erinnere an den „Kaminzauber", einem Rotwein aus Ungarn, der so süß war, daß man Zahnweh bekam (und am nächsten Morgen Kopfweh, aber hallo!!). Und dann gab es höchst selten eine Flasche Czardas oder Feuerzauber zu kaufen oder einen Weißwein aus der Muldenregion, der mit Zucker versetzt war und schmeckte – ach lassen wir das!
Aber es gab auch positive „Geschmackserlebnisse", so in einem „Mecklenburger Dorf" im Park von Köpenick, wo ich gegen billiges Geld das leckerste Wildschweinschnitzel meines Lebens gegessen habe, freilich auf einem Pappteller und mit dem unsagbar stumpfen Alubesteck, und natürlich ganz ohne Beilagen, nur mit einer Dreiecksscheibe Klietsch-Brot, aber, aber,

dieses Schnitzel war köstlich! Das Brot habe ich übrigens hilflos an die Schwäne verfüttert.
Im Ungarischen Restaurant im ersten Stock an den Alexanderplatzpassagen, habe ich einmal ein Gulasch mit Stehgeiger und allem sonstigen Schnickschnack schnabuliert, das sich gewaschen hat. Und in Greifswald eine Fischsuppe, ohne solchen sonstigen Schnickschnack, aber einfach lecker!
Und sonst? Lassen wir das Thema auf sich beruhen, und schauen wir in ein klassisches DDR-Kochbuch, worinnen öfters geschrieben steht: *Man nehme, so man hat...* Und man hat ja nicht immer... Und sofort gleich gar nicht...
Entsprechend war die normale Küche des einfachen, gut bürgerlichen Haushalts: Zu fett, zu mächtig, zu einfallslos, zu trist. Das lag aber daran, daß man kaum Petersilie kaufen konnte (falls man sie nicht in seiner Datsche selber zog), kaum Schnittlauch (und wenn, sah er schlapper aus als schlapp), kaum Radieschen, keinen Salat, kaum Gurken, manchmal sogar kaum Tomaten.
Und Ketchup, ja Ketchup, war die allergrößte Mangelware in Erfurt, die mir jemals begegnet ist. Wir zogen, als Freundestrupp die Versorgungslage erforschend, gemeinsam durch sämliche Kaufläden und HO-Märkte, klopften bei Tante Emma-Lädchen an, sprachen auch bei Gastronomieeinrichtungen vor, aber Ketchup gab's einfach nicht. (Natürlich auch kein Tomatenmark, aber das nur nebenbei). Und wir wollten Spaghetti mit Tomatensoße kochen. Was tun? Westler wußten, wo die Sonne des Glückes aufging: Ab in den Supermarkt, genannt Intershop. Ein Vergnügen, das Ossis leider verschlossen war, da man bei Kauf den Paß zeigen mußte. Da haben wir Knorr® Ketchup gegen WESTDEVISEN gekauft – natürlich völlig übertuert, aber was half's, wir wollten ja die Nudeln mit Tomatensoße kochen. Und stelle sich einer das mal vor, der Ketchup hat noch für ein leckeres Bohnengericht mit Tomatensoße gereicht! Übrigens aus Tiefkühlbohnen, die damals gerade im HO der letzte Schrei waren.

Die Nischengesellschaft

> Die kleinste Zeiteinheit der DDR? Das Schnitz. Das Schnitz ist die Zeitein-heit, die zwischen dem Ertönen der Stim-me von Schnitzler im Fernsehen und dem Abschalten des Programmes vergeht.

Immer, wenn es mit der Politik so richtig dicke war, zogen sich die Bürger der Republik gerne und ausgiebig in eine Nische zurück – manchmal war es auch eine Schmollecke. Die gerade genannte Datsche war so eine Nische, es gab aber auch viele andere mehr.

So die Nische der Garage. Was konnte man in diesen nicht zum Wohnraum zählenden vier Wänden alles sammeln, horten und aufheben. (In den seltensten Fällen waren es übrigens Autos nebst Zubehör und Werkzeug).

So die Nische im trauten Wohnzimmer, in das nur Freunde und selten Bekannte eindringen und stören durften.

Sodann die Nische in der Glaubensgemeinschaft: Ich habe Ostberliner getroffen, die sich mit Esoterik zuschmissen, mit Anthroposophie herumzirkelten und sich in abstrusen Verschwö-rungstheorien ergingen. Da gab es Kirchenkreise, die Umweltbibliothek am Zionskirchplatz, geheime Treffen zwecks irgendetwas, z.B. Hifi, Hobby-Filmklubs mit selbstgedrehten „Naturfilmen" oder „Heimatfilmen", die man untereinander tauschte, ein schwunghafter Austausch von unter der Hand erworbenen Pornoheftchen, nicht zu vergessen: zerlederte Neckermann- und Ottokataloge, einige verschlissene Exemplare „Für Sie" oder „Das goldene Blatt" (teils unter Noten, teils in alten Scharteken versteckt, auch zur Tarnung umwickelt mit PraMo, dem „Praktischen Modeheft" der DDR).

Alles das war Flucht vor der schrecklichen Realität flankiert mit sanft einlullendes Träumen vom Westen, einer besseren Welt, einem besseren Jenseits, einer besseren Zukunft. So wie es die SED ja pausenlos in allen Ecken und Enden versprach.

So die Fernsehnische, denn natürlich empfing man Westfernsehen und schaute höchst selten den Ostsender, es sei denn die lieben Kinderlein sahen das Sandmännchen, und die lieben Eltern Willi Schwabes Rumpelkammer oder ein Kessel Buntes.

Als Wessi sah man häufiger hin, es war spannendes Abenteuerfernsehen. Unvergeßlich die Nachrichtensprecherin Angelika Unterlauf, wie sie – wohlgemerkt in einem einzigen Atemholen – die längliche Titulatur des „Staatsratsvorsitzenden der DDR usw. usw. usw. (Schnappatemzug) Erich Honnecker" in einem Durchgang auswendig vorbrachte, und sich anschließend sichtlich erleichtert wieder über ihren Text beugte.

Unvergeßlich auch das AK-Wetter und das West-Wetter im Vergleich. Und die Bilder von Scharen sitzender, eifrig schreibender Delegierten, die durften in

keiner AK (Aktuellen Kamera, Nachrichtensendung des Ostfernsehens) fehlen, mal von rechts, mal von links gefilmt. Und Nachrichten von den Spitzenwerten der Stromversorgung, von 6Uhr 20 bis 7Uhr 31 am Abend.
Auch die Nische im Kabarett. Das war spannend, denn sämtliche Texte mußten ja vorher genehmigt werden. Aber manchmal vergallopierte man sich ja beim Improvisieren, und es machte auch Spaß, wider den Stachel zu löcken.
Das galt für die Schlager ja auch, und wenn eine subversive Gruppe intelligente Texte schrieb, zitterten die echten Fans, ob die Zensur es merkt oder nicht... Meist gingen die Texte anstandslos durch, wie Amiga zeigt. Und man konnte wieder träumen.
Sogar die Oper bildete eine Nische, freilich für sehr gehobene Ansprüche – dabei waren die Eintrittsgelder gar nicht mal so hoch wie im Westen in der Bismarckstraße. Da wurde ein „subversiver" Fliegender Holländer gegeben mit politischen Spitzen in Geste, Kostüm und Betonung oder eine Rusalka, ein romantisches Feenmärchen, das mühesam und politikversessen als Klassenkampf gegen Adel und Gesellschaftsschranken umgedeutet wurde, so das unendlich dröge Programmheft:

RUSALKA

Kleider

> Eine Westdeutsche wurde gefragt, wie ihr die Mode in der DDR gefallen habe.
> Mir ist aufgefallen, daß die Röcke dort länger getragen werden als bei uns.
> Wieviel Zentimeter?
> Wieso Zentimeter? Um Jahre länger, um JAHRE!

Einem flauen Witz zufolge haßten alle Erwachsenen der DDR sehr gründlich und das im Kollektiv: Die Männer haßten ihre Autos, die Frauen haßten ihre Kleider!
Was war aber auch im Kaufhaus am Alex für ein Fummelkram an die Kleiderpuppen gehängt! Die Stoffe fielen nicht, die Schnitte saßen nicht, kurz, die Kleider waren ein Graus. Die Pullis mit Dederon und Glitzerfäden sahen nach der ersten Wäsche aus wie vom wilden Affen gezaust. Die Webpelze, teuer, teuer, hatten den verräterischen Glanz der Chemiefaser und schauten fast ebenso mondän und vornehm aus wie das Schuhwerk, das einen Schnitt verriet, der irgendwo hinter dem Ural bei Kasachstan früher mal als „chic, très chic" gegolten haben mochte.
„Pömps" einmal ausgenommen, doch die trug man ja nicht alle Tage, sondern nur zu Brigadefeiern und ähnlichem Schwof.
Unnachahmbar in der DDR die sogenannten Jesuslatschen.
Unsagbares ist über die weibliche Damenunterbekleidung zu sagen. Also bitte, keine Details!
Noch mehr über die Strumpfhosen, die zippelten, zappelten und Beulen und Falten schmissen.
Und noch viel mehr über die unsagbar ulkigen, bunten Kittelschürzen, die man in Ermangelung schicker Fummel über allem trug, was man als Frau an häßlichen DDR-Klamotten zu verstecken suchte. Kurze Ärmel, drüber, hinten zubinden, fertig! Und erst die Farben! Orwo-Color läßt grüßen... Und die Stoffmuster! Ein Strich-kein Strich war eine höchst willkommene Ausnahme bei den phantasievoll gestalteten Blümchentapeten, die sich auf solchen Kitteln und Schürzen herumtummelten.
Für die Männer waren die Anzüge, wenn sie nicht im Intershop oder in seltenen Fällen im Ex gesichtet wurden, ein Quell leicht muffigen Ärgers. Die Hosen hingen schlabbrig am Hintern, die Sakkos hingen von der Heldenbrust und den breiten, muskelgestählten Arbeiterschultern wie geknitterter Trauerflor. Daneben gab es Stoffhosen, die schon beim ersten Tragen in den Knien ausbeulten und einfach nicht mehr zurückzubeulen waren. Und Jeans, aus polnischer Produktion. Aber nur im Ex. Billiger waren dann noch die aus

Jugoslavien, aber die saßen dann auch nicht so gut. Und man saß in trauter Heimarbeit und nähte gefälschte Etiketten von Nike oder Diesel auf solcherlei Ausschußware.

Was der Ostfrau die Kittelschürze unseligen Angedenkens, war für den Ostmann der allbereit getragene Trainingsanzug, die Schlabberhose und die Schlumper-Jacke mit dem (fast immer) defekten Reißverschluß, ausgebeulten Knieen und ausgebeulten Taschen. In Farben von Signalorange über Schwefelgeld bis Nordischgrün. Auch K...ckbraun war sehr beliebt und außerdem Bähsch!

Dann gab es noch die selbstgeschneiderten oder aus dem Wilden Osten importierten Parkas, außen feldgrau oder tarnungsgrün und zünftig abgewetzt, innen mit Webpelz gefüttert, man nannte sie liebevoll „Kutte". Die Russenfellmützen nicht zu vergessen, die Schlägermütze, die Prinz-Heinrich-Kappe in schäbigen Verzauberungen und materialsparenden Ausführungen und allerlei selbstgestricktes Schizubehör (am liebsten Norwegermuster mit kleinteiligen Elchen drin).

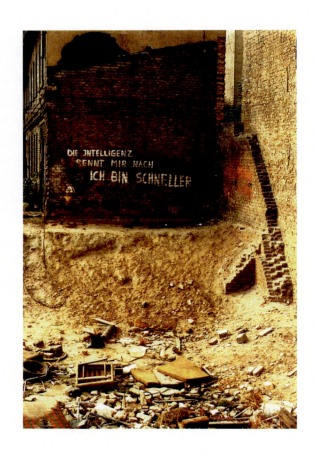

Grenzvorfälle

Es gab sie, die Grenzvorfälle am antikapitalistischen Schutzwall. Ich meine nicht nur die heimlichen Sprayer, die phantasievoll und unermüdlich die ‚Schandmauer von Berlin West' mit bunten Lacken und Farben aufhübschten, und mit Slogans bepflasterten wie „Der Staat will nur unser Bestes – aber das kriegt er nicht!" oder „Holt mich hier raus, ich bin auf der falschen Seite!" oder „Spare mit jedem Pfennig, koste es was es wolle!" Ganz Schlaue hatten sogar eine Tür gesprayt im Mauerabschnitt Neukölln, mit der Aufschrift „Mensch, was für eine tolle Wand".

Andere Sprüche lauteten „Wer sich nicht wehrt, lebt verkehrt" oder „Durch Leiden lernen". Eindrucksvoll auch: „Warum willst du mit dem Kopf durch die Wand? Was willst du in der Nachbarzelle?" oder „Das Chaos ist vorüber. Es war die schönste Zeit". Bedeutsam: „Wir wissen zwar nicht, was wir wollen, aber das mit ganzer Kraft!" Schließen will ich mit dem Spray: „Ruinen schaffen ohne Waffen – 40 Jahre DDR".

Ich meine auch nicht die ideologischen Nebelwerfer, die in der Armee-Rundschau Mai 1988 folgendes wortwörtlich absonderten:

> *An dieser Grenze kehren sich die Begriffe um: Was man vor sich hat, hat man hinter sich. Und umgekehrt. Oder wieder auch nicht. Dann jedenfalls, wenn die Dienstschicht zuende ist und man dem, was über Stunden vor einem war, den Rücken kehrt. Bis zum nächsten Postengang. Ganz schön kompliziert, was? Kein Wunder auch, bei* der *Grenze. Denn an ihr liegt es. Genauer, an ihrem Charakter. Sie ist eine trennende, nicht eine verbindende Grenze. Mehr noch: Sie ist Trennlinie zwischen nicht Zusammengehörigem, Berührungslinie von unterschiedlichen gesellschaftlichen Ordnungen, von Welten. Ja, von Welten – hier und hinter den Grenzsoldaten unsere, vorn und ihnen gegenüber die andere, uns fremde, oft gar sich feindlich zeigende. Mein lieber Herr Gesangsverein, da muß man sich erstmal dran gewöhnen.*

So zu lesen auf Seite 89. Und im Anschluß daran: „Die Grenze und das an ihr Erlebte gibt auch dem Soldaten Dirk Botte, eine ganze Menge zu denken". Vielleicht hatte er ja auch am Kontrollstützpunkt Elsenstraße/Neukölln seinen Dienst.
Dieser Kontrollstützpunkt war sozusagen einzigartig in Westberlin.
Kaum einen Steinwurf weit trennte Mauer und hintere Sicherungsmauer Westberlin von Ostberlin, an der Elsenstraße in Berlin-Neukölln. Wenn man auf das roh gezimmerte Holzpodest kletterte, das über die Mauern schauen ließ, sah man a) in eine Altbauwohnung mit Balkon, ganz dichte bei, b) im Hintergrund über die Sicherungsmauer hinweg die Fortsetzung der Elsenstraße, die im Westen vom Kanal begann und im Osten fortlief und c) die Grenzer, die „drüben" mit grimmiger Miene Wache schoben. Abends und nachts war die Wohnung sogar beleuchtet, und man konnte den späten Charme der Siebziger in den Sprelakard-Möbeln genauestens erkennen. Nur daß die Bewohner Waffen trugen, störte die Idylle ein wenig. Man hatte also eine Ost-Musterwohnung als Grenz-Schaustelle eingerichtet. Die Grenzer knipsten in den von Bewohnern befreiten und aufgelassenen Häusern ringsum in Grenznähe das Licht an, in unterschiedlichen Abständen, um „Leben im Sozialismus" zu markieren. Ansonsten war die Gegend reichlich tot.
An diesem Grenzabschnitt begann unsere Provokation. Wir wußten: Immer, wenn sich einer auf dem hölzernen Westpodest blicken ließ, wurde er von aufmerksamen Grenzern durchs Fernglas beäugt, im Zweifelsfall sogar geknipst. Aber unterhalb des Podestes hatte der Osten wegen der Mauerhöhe keinen Einblick. Darauf fußte unser Plan.
Wir kauften ganz legal im Kaufhaus am Alex FDJ-Hemden in Königsblau mit Emblem am rechten Arm, außerdem rote Halstücher und ließen uns von Freunden der Hauptstadt den kunstvollen Knoten zeigen, den man mit den

Halstüchern schlingen mußte, um „zünftig" zu sein. Wir führten ganz legal die Osthemden samt Halstüchern als „Geschenke" aus, zogen sie eines schönen Nachmittags samt Halstuch in der Wohnung an und hüllten uns in unsere Regenjacken. In diesem Aufzug trabten wir zur Elsenstraße, zum hölzernen Aussichtsturm. Am Fuße des Turmes zogen wir, von den Grenzern unbemerkt, unsere Jacken aus, kletterten in FDJ-Kluft aufs Podest, winkten den Grenzern zu und riefen:
Huhu, wir haben uns verirrt – wie kommen wir nach drüben?
Eifriges Fernglasgezücke, eifriges Fotografieren, eifriges Hin und Her in der konspirativen Wohnung. Aber sonst – keine Reaktion, leider.
Wir hätten wenigstens ein paar Schüsse erwartet oder Zurufe oder ein paar andere Merkwür-digkeiten, zumal die Balkontür zur konspirativen Wohnung weit offen stand, aber es passierte leider gar nix.
Enttäuscht kletterten wir von unserem Podest, hoben unser Regenjacken auf und trollten uns heimwärts.
Und zum Schluß eine Anzeige:

> *Haben Sie Bedarf an Betonelementen, wie sie für die „Unüberwindbarkeit" der deutsch-deutschen Grenze (insbesondere Berlin) eingesetzt wurden? Wir sind der alleinige Hersteller der Originalelemente. VEB Baustoffkombinat Neubrandenburg Sitz Malchin 2040 Malchin.*

Sie erschien in der „Allgemeinen Bauzeitung" April 1990. Dem habe ich nichts hinzuzufügen.

Wir machen das schon

Wir denken das an.
 Wir checken das ab.
Wir stellen das durch.
Wir bringen das in die Reihe.
Wir biegen das hin.
Wir rücken das schon
aufs richtige Gleis.
Ins rechte Licht.
Wir haken da noch einmal nach.
Wir takten das ein.
Knallhart
ziehn wir das durch
mit unserer Demokratie.[7]

---

[7] AR Armeerundschau Soldatenmagazin 9/90, 65

Ein Beleg

Die Arbeiter beim KKW Kernkraftwerk „Bruno Leuschner" in Greifswald schreiben an den DDR-Staatsrat:

Versorgung im Greifswalder Territorium mit erstens hochwertigen Konsumgütern, zweitens den sogenannten „1000 kleinen Dingen" und drittens mit Lebensmitteln, wie z.b. Fleisch- und Wurstwaren, Molkereiprodukten sowie Obst und Gemüse, **ist unzureichend.**

Demgegenüber werden wir durch unsere Massenmedien ständig mit der erfolgreichen Verwirklichung unserer Wirtschafts- und Sozialpolitik konfrontiert

Seine Ursachen sehen wir in der unzureichenden Effektivität unserer Volkswirtschaft begründet.

Energiesituation der DDR muß durch Importe von Elektroenergie teuer erkauft werden, weil Block 5 des KKW wegen mangelhafter technologischer Durchdringung der Prozesse und unzureichender Arbeitsorganisation stockt. Verschwendung des gesellschaftlichen Arbeitsvermögens und hoher Investitionsmittel auf unserer Baustelle

Preispolitik: Nach Veröffentlichung des Preises für den Wartburg 1.3 kam es zur Frage, ob es für die DDR wirtschaftlich sinnvoll ist, einen PKW mit diesem sehr hohen Aufwand zu produzieren, welcher einen Preis bedingt, der die Kaufkraft vieler Haushalte jetzt übersteigt?

Weiter beunruhigt uns die Preisentwicklung hochwertiger Konsumgüter. Nach unserem Verständnis führt die Steigerung der Arbeitsproduktivität zur Senkung des Warenwertes. Der Preis sollte Ausdruck des Wertes sein. Weshalb wird jedoch ein neuer, höherer Preis bei uns stets mit einer Erhöhung des Gebrauchswertes begründet?

Warum werden neue, energiesparende Waschmaschinen mit höherem Gebrauchswert zu hohen Preisen angeboten, die ihren Kauf für breite Kreise der Bevölkerung unlukrativ machen?

Die stabilen, niedrigen Verbraucherpreise für Waren des Grundbedarfs, Tarife und Dienstleistungen werden staatlich subventioniert. Entspricht die Struktur der Subventionen auch heute noch unseren sozialistischen Prinzipien in vollem Umfang?

Die niedrigen Preise für Kinderkleidung kommen den Kindern nicht zugute. Sie kommt mit den Touristen ins Ausland. Kinderkleidung in oberen Größen wird verstärkt von Erwachsenen gekauft, während viele Schulkinder der höheren Klassen bedingt durch ihren Wuchs keine Kinderkonfektion mehr tragen können. Wäre es nicht zeitgemäßer, Kinderkleidung unsubventioniert zu verkaufen und einen Teil der dadurch freiwerdenden Mittel ein entsprechend hohes Kindergeld zu zahlen?

Wir sind stolz auf unsere seit Jahrzehnten stabilen Preise für Grundnahrungsmittel, müssen aber andererseits immer häufiger beobachten, wie Brot in steigendem Maße von der Bevölkerung weggeworfen wird. Hier fehlen nicht nur Kleinverpackungen, die dem Bedarf älterer oder alleinstehender Bürger entsprechen. Auch werden Brot und Speisekartoffeln erworben, um in der privaten Tierhaltung verfüttert zu werden Denn: „Es kostet ja fast nichts".

Unsere Wohnungsmieten sind stark subventioniert. Dennoch halten wir es für überdenkenswert, wie stark unterbelegter Wohnraum durch eine differenziertere Subventionspolitik schneller wieder freigezogen und größeren Haushalten zur Verfügung gestellt werden kann.

In den meisten Bereichen der Volkswirtschaft werden leistungsorientierte Lohnsysteme eingeführt. Aber erfüllen diese auch unsere Erwartungen, oder werden nicht Prämienanteile als fester Lohnbestand unabhängig von Leistung gesehen?

Es gibt drei Gruppen in der Bevölkerung:
Von diesen schafft sich eine durch ihre tägliche Arbeit einen entsprechenden Lebensstandart.
Die anderen hingegen gelangen mit geringem Arbeitsaufwand , einerseits durch Korruption und sogenannte „Beziehungen"
Sowie andererseits durch den Besitz freikonvertierbarer Währung (vorwiegend DM) zu einem meist höheren Lebensniveau.

Die ökonomischen Beweggründe für den Ausbau der Intershops und den privaten Transfer von DM über unsere Staatsbank, aber was ist größer, der ökonomische Gewinn oder der ideologische Schaden? Viele Kollegen fragen sich, warum von ihnen hohe Leistungen gefordert werden, wenn sie einen Teil ihrer Bedürfnisse mit der dafür empfangenen Währung – unserer Mark der DDR – in unserem Staat nicht oder nur nach langen Mühen befriedigen können?

Die Massenmedien legen unsere Erfolge dar. Warum aber spürt man in unseren Medien bis heute nicht auch die reale Situation, von wenigen Ausnahmen einmal abgesehen.

Eine notwendigen Voraussetzung dafür ist jedoch völlige ideologische Klarheit. Um unsere Partei- und Staatspolitik auch in ihrer Gesamtheit zu verstehen, benötigen wir Antwort auf die oben genannten Fragen.

Wir vertrauen fest darauf, daß eine Beantwortung dieses Briefes uns helfen wird, das Vertrauen unserer Werktätigen auch in die Innenpolitik unseres Staates zu festigen und die Leistungsbereitschaft unserer Kollegen weiter zu erhöhen. [8]

---

[8] DER SPIEGEL 51 (1988), 26-27

Witze

Abkürzungen

FDJ – Früher Deutsches Jungvolk

*

SED – Sucht Euch Dumme. Sicheres Ende Deutschlands. So Ein Dussel. So Ein Dreck.

*

Die DDR wird umbenannt in DGR. Was heißt das? Deutsche Gebirgs-Republik – wegen der vielen Engpässe.

*

Berlin kriegt neue Ortsschilder. Auf der Vorderseite: „Willkommen in der Hauptstadt der Deutschen Demokratischen Republik!" auf der Rückseite „EDV" – Ende des Versorgungs-gebietes.

*

Das Politbüro beschließt, jeden zentralen Platz in den großen Städten der DDR als „Platz der SED" umzubenennen: S̲hop – E̲xquisit – D̲elikat.

*

Das SKET – System hat sich schnell in der ganzen Republik verbreitet: S:Suchen, K:Kaufen, E:Einlagern, T:Tauschen.

*

Was heißt die Abkürzung DDR ?
1949 Dawai, Dawai, Rabota!
1969 Drei Dumme Regieren.
1989 (nach der Wende) Der Doofe Rest

Bonzen

Tisch fällt bei einer Besichtigung die Treppe herunter und bleibt verletzt liegen.
Man ruft einen Arzt, der sich erkundigt, was passiert sei.
„Tisch hat sich wahrscheinlich das Rückgrat gebrochen", sagt ein Beamter eifrig.
„Unmöglich", meint der Arzt.
„Aber wieso?" fragen die Umstehenden.
„Weil er nie eins gehabt hat."

*

Das SED-Zentralkommitee hat Arbeit und Brot versprochen. Von Belag hat niemand etwas gesagt.

*

Die DDR und die Arbeitswelt

Eine Westdelegation besucht einen DDR-Betrieb. Nach der Besichtigung wird der Leiter der Delegation gebeten, ein paar Worte zu den Werktätigen zu sprechen. „Guten Morgen, liebe Kolleginnen und Kollegen, ihr müßt entschuldigen, daß wir an eurem Bummelstreik nicht teilnehmen können, aber wir gehören einer anderen Gewerkschaft an."

*

Die DDR und ihre Bürger

Wie hießen die ersten DDR-Bürger?
Adam und Eva.
Wieso?
Nun, sie hatten keine Kleider, sie hatten keine Wohnung, wenig zu essen und bildeten sich dennoch ein, sie lebten im Paradies.

*

Ach, Genosse Doktor, mein Gedächtnis läßt nach. Ich vergesse einfach alles.
Soso, sie haben doch am Parteilehrjahr teilgenommen?
Ja, im vorigen Herbst, aber alles vergessen.
Na, seien Sie doch froh!

*

Tja, lieber Mann, Ihnen ist schwer zu helfen, sagt ein Arzt zu seinem Patienten in der Poliklinik.
Aber warum denn, Doktor?
Nun, gebe ich Ihnen ein Ost-Medikament, sind Sie ruiniert. Und gebe ich Ihnen ein West-Medikament, bin ich ruiniert.

*

Warum werden in der Postdienststelle eigentlich fünfhundert Leute eingesetzt, nur um Westpakete und Päckchen zu kontrollieren?
Aber, es könnte doch zum Beispiel in einer Sendung eine Pistole drin sein.
Schon möglich, aber was wollt ihr fünfhundert Mann mit einer einzigen Pistole?

*

11 Uhr abends klingelt es an der Wohnungstür Sturm. Die Familie blickt sich erbleichend an, der Hausherr faßt sich endlich ein Herz und geht zur Tür. Mit zitternder Stimme fragt er: Wer ist das?
Sich brauchen sich nicht zu erschrecken, sagt der Hausmeister, ich bin es nur. Es ist nichts Schlimmes, nur – das Haus brennt!

*

Zwei Westdeutsche besuchten eine Fabrik. Was erzeugen sie hier, wollen sie wissen.
Ersatzteile für Fahrstühle!
Das ist sehr fortschrittlich, bei uns gib es das noch nicht. Aber was für Teile denn?
Der Betriebsleiter zögert und erklärt stockend: Zur Zeit machen wir Schilder mit der Aufschrift „Außer Betrieb".

*

Durch dieses Gerät wird die Arbeitszeit um die Hälfte verkürzt.
Gut, Towaritsch, sagte einer der Russen, aber warum du nicht geben gleich zwei Geräte an jede Mann?

*

Eine Frau am Fahrkartenschalter: Bitte einmal Zweiter nach Kürze.
Der Beamte verdutzt: Nach Kürze? Hab ich nie gehört! Gibt es das überhaupt?
Natürlich gibt es das.
Der Beamte greift sein Kursbuch und sucht eifrig darin. Schließlich sagt er: Kürze gibt es nicht im Buch? Wie kommen Sie denn auf diesen Namen?
Durch unseren Staatsratsvorsitzenden! Der hat gestern gesagt: In Kürze gibt es für alle genügend Butter.

*

Warum haben die HO-Läden demnächst nur noch zweimal in der Woche offen?
Am ersten Tag wird Mist verkauft, am zweiten Tag wird gelüftet. Weitere Öffnungszeiten sind nicht erforderlich.

*

Was ist das, wenn sich im HO-Fischgeschäft die Hausfrauen drängeln?
Ein sozialistischer Heringsauflauf.

*

Eine alte Frau kommt in einen Fleischladen und sagt: Geben Sie mir bitte ein halbes Pfund Butter!
Sagt die Verkäuferin: Sie sind hier falsch, gute Frau. Hier gibt es kein Fleisch. Keine Butter gibt es da drüben!

*

Die Empfangsdame im Interhotel zu einem ausländischen Gast: Sagen Sie es bitte mir, wenn Sie etwas brauchen.
Und sie können es dann beschaffen?
Das nicht, aber ich kann Ihnen erklären, warum es das gerade nicht gibt.

*

Mutti, was gab es vor dem Sozialismus?
Alles, mein Kind, alles.

*

Warum dürfen im Palast der Republik keine Sachsen arbeiten?
Die sagen immer Ballast der Rebublig.

*

Warum muß in jedem Fleischerladen wenigstens eine unverkäufliche Dauerwurst hängen?
Damit die Leute ihn nicht für einen Fliesenladen halten.

*

Was ist sozialistische Vergeßlichkeit?
Wenn einer mit leerem Netz vor der Kaufhalle steht und überlegt: War ich nun schon drin oder noch nicht?

Die DDR als Gebiet

Welches Land hat den höchsten Berg?
Die DDR. Dort geht es mit uns schon vierzig Jahre aufwärts – und wir haben immer noch nicht den Gipfel erreicht.

*

Die geografischen Besonderheiten der DDR?
Ein Flachland mit vielen Engpässen.

*

Der Unterschied zwischen der Sonne und einem Ost-Rocker?
Keiner. Im Osten gehen se auf, im Westen gehen se unter.

*

Ist es richtig, daß die DDR mit Volldampf in den Sozialismus fährt?
Im Prinzip ja. Aber 80 Prozent davon braucht sie zum Tuten.

Die DDR und ihre Organe

Ansage von Radio DDR:
Mit dem letzten Ton des Zeitzeichens ist es acht Uhr. Und nun eine Mitteilung für die Genossen der Vopo: Der große Zeiger steht oben, und der kleine auf der Bretzel.

*

Westflucht.
Neulich ist ein Vopo im Intershop über den Tresen gesprungen, um politisches Asyl zu erbitten.

*

Was haben die VEB-Streichhölzer mit dem Politbüro gemeinsam?
Die Köpfe taugen nichts.

*

Soviel Blutapfelsinen wie bei den SED-Funktionären gibt es nicht wieder.
Wieso Blutapfelsinen?
Na, außen braun, innen rot.

*

Was ist der Unterschied zwischen unse Minister und unse volkseigenen Streichhölzer?
Jar keener: bei beiden taugen die Köppe nich viel!

*

Guck mal nach, wie die Straße hier heißt, sagt der eine Vopo zu seinem Kollegen, muß doch irgendwo ein Schild sein.
Klar, sagt der andere, als er zurückkommt: Das ist der Weg mit den Atomwaffen.

*

Was sind die vier schwersten Jahre im Leben eines Volkspolizisten? – Die erste Klasse!

Ideologie

USA, Rußland und DDR wollen die Titanic heben. Die USA interessieren sich für den Goldschatz und die Brillanten. Rußland interessiert sich für das technische Know-how, die DDR für die Kapelle, die bis zum Untergang noch fröhliche Lieder spielte.

*

Kennen Sie den Unterschied zwischen Sahara und der DDR?
Nun, in der Sahara sitzen die Posten auf hohen Kamelen, und in der DDR die Kamele auf hohen Posten.

*

Zwei Seufzer schweben über der DDR.
Wer bist du, fragt der eine.
Ich bin der Seufzer des politischen Gefangenen in Bautzen, der nicht weiß wann er wieder aus dem Zuchthaus herauskommt.
Dann sind wir fast Kollegen, seufzt der erste: denn ich bin der Seufzer eines hohen SED-Tieres in Wandlitz, der noch nicht weiß, wann er reinkommt.

*

Westhund trifft Osthund. Westhund fragt: Du willst nach dem Westen? Warum? Hast du Hunger?
Ach, ein richtiger Hund wird auch in der DDR satt.
Aber was treibt dich denn zu uns?
Ich möchte wieder nach Herzenslust bellen können, wann und wie ich will.

*

Wissen Sie, warum wir die Westdeutschen nur einholen, aber nicht überholen wollen?
Nein, warum?
Wenn wir sie überholen, würden sie merken, daß wir Löcher im Hosenboden haben.

*

Ossi und Wessi begegnen sich in Bukarest auf der Straße. Der Ossi: Entschuldigen Sie bitte, Sie sprechen ja Deutsch. Bist Du Genosse oder sind Sie Deutscher?

*

Kommt einer vom Westbesuch nach Hause.
Na, fragen die Kollegen, wie war es drüben?
Wie bei uns – für Westgeld kriegst du alles.

Kollege Krenz

Ein westlicher Journalist hörte zum ersten Male Erich Krenz eine Rede halten. „Erstaunlich, ganz erstaunlich", meinte er zu einem Kollegen, „daß ein Mann in dieser Stellung ein so schlechtes Deutsch spricht."
„Ach, weißt du", sagte der Kollege, „noch erstaunlicher, daß er überhaupt Deutsch spricht."

*

Kennst du den Unterschied zwischen Japan und Krenz?
Japan ist das Land des Lächelns, und Krenz ist das Lächeln des Landes.

Die Partei der SED

„Weißt du schon," fragt ein Arbeiter seinen Freund, „daß die Lastwagen, die jetzt gebaut werden, SED-Wagen heißen?"
„Nein", meint der Freund, „wieso denn?"
„Ganz einfach: Laster, die keine Anhänger haben."

*

Auf Parteischulung wird Leben und Bedeutung von Karl Marx für den Kommunismus erklärt.
Nach zwei Stunden fragt der Funktionär: Hat jemand noch eine Frage?
Ein Genosse hebt zögernd die Hand.
Ja, Genosse, was willst du wissen?
Also, soweit ha'ck alles vastanden, Aber bloß noch 'ne kleene Frage: Is nu der Marx bewohnt oder nicht?

*

Ein Mann geht zum sozialistischen Kochkurs. Nach vierzehn Tagen bittet ihn die Frau, Rühreier zu machen.
Das hatten wir noch nicht im Kurs.
Nach weiteren zwei Wochen schlägt sie vor, ein Schnitzel zu braten.
Wieder sagt er: Das hatten wir noch nicht.
Die Frau ärgerlich: Wie weit seid ihr eigentlich?
Der Mann kleinlaut: Bei der Oktoberrevolution.

*
Parteiversammlung in Berlin. Ein Funktionär erzählt über die Fortschritte der DDR. Plötzlich wird ein Zettel hereingereicht, der Funktionär erhebt sich und verkündet: Ich habe soeben eine erfreuliche Nachricht aus Moskau erhalten: Die Russen sind auf dem Mond gelandet.
Ein Zwischenruf im Publikum: Alle?

*
Stabü in der Schule. Der Lehrer fragt: Welches ist die größte Partei?
Die SED, rufen die Kinder im Chor.
Und wie groß ist die SED?
Etwa 1,50, antwortet ein Junge
Wie kommst du denn darauf?
Ach, weil mein Vater ist 1,70 groß, und der sagt immer, die SED steht ihm bis zum Hals.

*
Meyer, warum warst du nicht auf dem letzten SED-Parteitag?
Meyer entschuldigt sich: Hätte ich gewußt, daß es der letzte Parteitag war, dann wäre ich bestimmt gekommen.

*
Ein Mann beantragt die Aufnahme in der Partei. Der zuständige SED-Parteisekretär fragt ihn: Kennst du Marx?
Nein.
Kennst du Engels?
Nein.
Kennst du Lenin?
Nein.
Da fragt Kreissekretär: Ja, sage mal, was willst du dann eigentlich in der Partei?
Moment mal, sagt der Mann und fragt zurück, kennst du Feldmann?
Nein.
Kennst du Blau?
Nein.
Kennst du Müller zwo?
Nein.
Nun, was ist? Du kennst meine Bekannten nicht, ich kenne deine Bekannten nicht – was hat das mit der Partei zu tun?

*
Schulungsabend in der SED. Thema: Dürfen wir in der DDR jederzeit und offen sagen, was wir denken?
Niemand meldet sich zu Wort.
Darauf der Schulungsleiter:

Genossinnen und Genossen, so geht das nicht! Wenn eine solche Frage zur Diskussion steht, dann sollte wenigstens einer eine Antwort wissen. Heute sage ich euch die richtige Antwort: Selbstverständlich dürfen wir in unserer DDR jederzeit frei und offen sagen, was wir denken. Aber natürlich dürfen wir niemals denken, was wir nicht frei und offen sagen dürfen.

*

Wir bekommen jetzt ein neues Emblem in unsere Fahnen.
Nicht mehr Hammer und Zirkel?
Nein, da soll jetzt das Nilpferd rein.
Wieso denn ausgerechnet ein Nilpferd?
Ganz klar: das Wasser steht ihm bis zum Hals, aber das Maul reißt es ganz weit auf.

*

Der Vorsitzende der Parteikontrollkommission: Genosse Müller, deine Verfehlungen gegen die Partei sind zwar schwerwiegend, wir haben aber trotzdem beschlossen, dich nicht aus der Partei auszuschließen.
Na schön, ich nehme die Strafe an.

*

Genossen, glaubt mir, wenn der Sozialismus bei uns erst richtig gefestigt ist, dann kommt auch die Zeit, wo jeder Bürger der DDR tun und lassen kann, was er will. Und wenn er das nicht tut, dann werden wir es ihm schon beibringen!

*

Was ist dialektischer Materialismus?
Wenn einer in einem dunklen Zimmer eine schwarze Katze sucht, obwohl er weiß, daß keine drin ist, und dann ruft: Ich hab' sie! Ich hab' sie!

Staatsratsvorsitzender Honnecker

Honecker ist zu Besuch bei Mao Tse-Tung und fragt ihn, ob er auch eine Opposition habe.
„Ja", sagt Mao, „so etwa 17 Millionen sind noch gegen uns."
„Ach", meint Honecker, „in der DDR sind es auch nicht mehr!"

*

In einem Zuchthaus stehen die Häftlinge zum Appell. „Mal herhören", sagt der Oberwärter, „morgen kommt der Staatsratsvorsitzende Erich Honnecker!" *(Zwei Versionen zum Auswählen)*
A) Flüstert ein Häftling dem anderen zu: „Ich habe immer gesagt, daß es mit dem kein gutes Ende nimmt".
B) Ein Zwischenruf: „War auch höchste Zeit!"

*

Dresdener Kunstausstellung. Zwei Besucher betrachten eine Bronzebüste Erich Honneckers. „Was halten Sie davon?" fragt der eine.
„Nun, sie hat zwei große Fehler, zunächst fehlt die Inschrift: Ruhe in Frieden!"
„Aber Genosse Erich Honnecker ist doch gar nicht tot."
„Stimmt, das ist der zweite Fehler."

*

Ein Achtzigjähriger wird von einem Gericht zu zwölf Monaten Gefängnis verurteilt, weil er Honnecker als einen Idioten bezeichnet hat. Der Angeklagte erhebt Einspruch:
Ich habe 1914 über Wilhelm II. und 1936 über Hitler dasselbe gesagt und immer nur einen Monat dafür gekriegt.
Der Richter: „Angeklagter, für die Beleidigung erhalten sie auch diesmal nur einen Monat, aber dazu kommen elf Monate für den Verrat eines Staatsgeheimnisses.

*

Wer ist der beste Elektriker?
Honnecker. Er hat es in unglaublich kurzer Zeit geschafft, die ganze DDR zu isolieren.

*

Der kürzeste Witz der DDR: Dr. Margot Honnecker.

*

Wieviel Witze gibt es eigentlich über Erich Honnecker?
Gar keinen – alles ist wahr!

Staatsratsvorsitzender Ulbricht

Ein Mann will Briefmarken kaufen. Ihm werden die neuen Walter-Ulbricht-Marken vorgelegt. Er weist sie zurück: „Die will ich nicht, die kleben nicht!"
„Die kleben nicht?" fragt der Postbeamte ungläubig, „sicher kleben die, passen Sie auf!" Er befeuchtet die gummierte Seite mit Spucke und klebt sie auf einen Brief.
Der Mann lächelnd und ganz leise: „So geht es natürlich. Aber sie spucken ja auch auf die falsche Seite!"

*

Ulbricht zu Besuch in Moskau. Chruschtschow will zeigen, wie fest das Sowjetvolk hinter ihm steht und fragt einen Vorbeigehenden: „Wer ist dein Vater, mein Sohn?"
Der Gefragte antwortet: „Chruschtschow!"
Und wer ist deine Mutter?
Die UDSSR
Und was willst du werden?
Kosmonaut.
Nach seiner Rückkehr fragt Ulbricht einen DDR-Bürger: Wer ist dein Vater?
Die zögerliche Antwort: Ulbricht.
Gut, mein Sohn, und wer ist deine Mutter?
Die DDR!
Gut – und was willst du werden?
Vollwaise.

Das wirklich Allerletzte:
Am 27. 3. 2014 bekam ich von meinem Verleger während meines Urlaubs in Neapel folgende E-mail zur Kenntnisnahme:

Sehr geehrter Herr Brunner,
es wäre sehr freundlich, wenn Sie diese Nachricht an den Koptologen, Herrn Dr. Kosack in Berlin weiterleiten könnten. Dr. Kosack war früher Leiter einer Bibliothek in West-Berlin. In dieser Bibliothek arbeitete er viele Jahre mit einem Mann zusammen, der – wie sich jetzt herausstellt – ein hochrangiger Agent des Staatssicherheitsdienstes der ehemaligen DDR war. Es würde mich sehr freuen, wenn Herr Dr. Kosack bereit wäre, mir über diesen früheren Bibliotheksmitarbeiter, der aus der ČSSR stammte, Auskunft zu geben. Es würde mich freuen, wenn Sie meine Nachricht weiterleiten könnten. Mit freundlichen Grüßen Prof. Dr. Stefan Appelius (Universität Potsdam).

Dazu mein Kommentar: Die letzten 30 Jahre habe ich also **nicht umsonst** gelebt. Ich erzähle am liebsten immer noch Ost-Märchen...

Literatur

Es gibt so gut wie keine, da es sich um rein persönliche Eindrücke handelt, die noch nirgends aufgezeichnet sind.

Die Witze beruhen zum großen Teil auf Mund- zu Mundpropaganda.

###

Trotzdem seien erwähnt:

Die Gazetten STERN, BILD und SPIEGEL, nicht zu vergessen: AR ARMEERUNDSCHAU.

Abdel-Samad, Hamed. Der Untergang der islamischen Welt. Eine Prognose. (München 2010.), dem ich einige Grundsatzerklärungen entnahm.

Engels, Friedrich. Der Ursprung der Familie, des Privateigentums und des Staats. Berlin 1961, dem ich einen vergnüglichen Schulungsnachmittag verdanke.

Inhaltsverzeichnis

Vorwort ... 3
GRUNDSÄTZLICHES ... 6
   Mischmasch, der vermeidbar wäre ... 6
   Besoffen vom Sozialismus ... 7
   Der Salzberg und der Zuckerberg ... 9
   Ideologiekritik ... 10
ERLEBTES ... 12
   An der Fleischtheke ... 12
   Einreise ... 13
   Ausnahmeregelungen für Brian ... 14
   Nachspiel mit Brian ... 15
   Grenzvorfälle ... 17
   Vor der Wende. Mitternacht. Friedrichstraße ... 18
   Der Honnecker-Strip ... 19
   Der Mielke-Zettel ... 21
   Die Stasi-Wachtparade ... 22
   Der Meisterspion ... 23
   Undercover ... 26
   Der Münzkatalog ... 27
   Unter Verdacht ... 29
   Schulung der Jungen Pioniere ... 30
   Mein Ausflug zu Müntzer ... 35
   Gorbis Besuch ... 37
   Devisenvergehen von Ost nach West ... 41
   Devisenvergehen im Westen ... 45
   Geschenke ... 46
   Die Spreewaldkatze ... 48
   Einblicke in die DDR im Wechsel der Jahreszeiten ... 51
   An einem herrlichen Frühlingstag... ... 51
   An einem glühend heißen Sommertag ... 52
   An einem schönen Herbsttag ... 54
   An einem regnerischen Tag im November... ... 55
   An einem bitterkalten Wintertag... ... 57
   An einem schönen Tag zwischendurch ... 58
GEDACHTES ... 61
   Pressearbeit ... 61
   Katastrophenalarm ... 64
   Die Wende ... 67
   Preisverfall ... 69
   Abschied ... 71
   Landbesichtigung und Fundstücke ... 73
   Die geheime Siedlung in Wandlitz ... 76
   Datschenkultur ... 78
   Diebstähle ... 80
   Braunkohlencity ... 82
   Essen und Trinken ... 83
   Die Nischengesellschaft ... 86
   Kleider ... 88

Grenzvorfälle	91
Wir machen das schon	94
Ein Beleg	95
Witze	98
Abkürzungen	98
Bonzen	99
Die DDR und die Arbeitswelt	101
Die DDR und ihre Bürger	101
Die DDR als Gebiet	103
Die DDR und ihre Organe	104
Ideologie	105
Kollege Krenz	106
Die Partei der SED	106
Staatsratsvorsitzender Honnecker	109
Staatsratsvorsitzender Ulbricht	110
Das wirklich Allerletzte:	111
Literatur	112

VERLAGSANZEIGE

Aegyptologie:

1. Wolfgang Kosack: Der medizinische Papyrus Edwin Smith. The New York Academy of Medicine, Inv. 217. Neu in Hieroglyphen übertragen, übersetzt und bearbeitet. Berlin 2011. 102 Seiten. ISBN: 978-3-033-03331-3   **EUR 53.00**

2. Wolfgang Kosack: Die altägyptischen Pyramidentexte. In neuer deutscher Uebersetzung; vollständig bearbeitet und herausgegeben von Wolfgang Kosack. Berlin 2012. 330 Seiten. ISBN: 978-3-9524018-1-1   **EUR 89.00**

3. Wolfgang Kosack: Ägyptische Zeichenliste I. Grundlagen der Hieroglyphenschrift, Definition, Gestaltung und Gebrauch ägyptischer Schriftzeichen. Vorarbeiten zu einer Schriftliste. Berlin 2013. 144 Seiten. ISBN: 978-3-9524018-0-4
EUR 55.00

4. Wolfgang Kosack: Ägyptische Zeichenliste II. 8500 Hieroglyphen aller Epochen. Lesungen, Deutungen, Verwendungen, gesammelt u. bearb. 491 Seiten. Berlin 2013. ISBN: 978-3-9524018-2-8   **EUR150.00**

5. Wolfgang Kosack: Kurze Sprachlehre des Mittelägyptischen.
Berlin 2013. 195 Seiten. ISBN: 978-3-9524018-8-0   **EUR 18.00**

6. Wolfgang Kosack: Die altägyptischen Personennamen. Ein Beitrag zur Kulturgeschichte Aegyptens. 120 Seiten. ISBN: 978-3-9524018-7-3   **EUR 48.90**

7. Wolfgang Kosack: Essen und Trinken im alten Aegypten. Bildliche Darstellungen, hiero-glyphische Texte und die Bearbeitung der Quellen. Berlin 2014. 177 Seiten. ISBN: 978-3-906206-03-5   **EUR 49.50**

Koptologie:

1. Wolfgang Kosack: Der koptische Heiligenkalender. Deutsch,Koptisch, Arabisch nach besten Quellen neu bearbeitet und vollständig herausgegeben. Mit Index sanctorum koptischer Heiliger, Index der Namen auf Koptisch, koptische Patriarchenliste, geografische Liste. Berlin 2012. 226 Seiten. ISBN: 978-3-9524018-4-2   **EUR 75.00**

2. Wolfgang Kosack: Schenute von Atripe „De judicio finale". Papyruskodex 63000.IV im Museo Egizio di Torino. Einleitung, Textbearbeitung und Übersetzung herausgegeben von Wolfgang Kosack. Berlin 2013. 299 Seiten. ISBN: 978-3-9524018-5-9.   **EUR 75.00**

3. Wolfgang Kosack: Shenoute of Atripe "De vita christiana". M 604 Pierpont-Morgan-Library New York / Ms. OR 12689 British-Library / London and Ms. Clarendon Press b. 4, Frg. Bodleian-Library / Oxford. Introduction, edition of the text and translation into German by Wolfgang Kosack. Berlin 2013. 267 Seiten. ISBN: 978-906206-00-4   **EUR 75.00**

4. Wolfgang Kosack: Koptisches Handlexikon des Bohairischen. Koptisch – Deutsch – Arabisch. 448 Seiten. Berlin 2013. ISBN: 978-3-9524018-9-7   **EUR 64.00**

5. Wolfgang Kosack: *Basilios "De archangelo Michael"*: sahidice *Pseudo – Euhodios "De resurrectione"*: sahidice *Pseudo - Euhodios "De dormitione Mariae virginis"*: sahidice & bohairice : < Papyrus-kodex Turin, Mus. Egizio Cat. 63000 XI. > nebst Varianten und Fragmente. In Parallelzeilen ediert, kommentiert und übersetzt von Wolfgang Kosack. Verlag Christoph Brunner, Berlin 2014. 280 Seiten. ISBN: 978-3-906206-02-8. **EUR 79.00**

6. Wolfgang Kosack: Novum Testamentum Coptice. Neues Testament, Bohairisch, ediert von Wolfgang Kosack. Novum Testamentum, Bohairice, curavit Wolfgang Kosack. Verlag Christoph Brunner, Berlin 2014. 449 Seiten. ISBN: 978-3-906206-04-2. **EUR 86.00**

Religion und Philosophie:

1. Wolfgang Kosack: So viel zum Thema Moses... Neue Fragen zum Alten Testament. Die schlechte und die gute Nachricht. Für Juden, Christen, Moslems. 208 Seiten. ISBN: 978-3-9524018-6-6. **EUR 16.50**

2. Wolfgang Kosack: Soviel zum Thema Islam. Neues von der Botschaft Muhammads, über das "Buch, was man lesen muss", für Juden, Christen, Moslems. Herausgegeben von Brunner Christoph. Verlag Books on Demand. 280 Seiten. ISBN: 978-3-7322-3240-6. **EUR 38.90**

Diverse:

Gernot Sommerlatte: „Sauber hingeferkelt." Sexpertisen zum Thema Aufklärung. Herrlich, dämlich, kindlich, trivial. Taschenbuch. 449 Seiten. ISBN: 978-3-9524018-3-5 **EUR 16.80**

Esmeraldo Tuntenfisch: „Die meisten Männer sind lesbisch..." Sexpertisen zum Thema Lesben- und Schwulen – Forschung. ISBN: 978-3-906206-01-1. Taschenbuch. 256 Seiten. **EUR 16.80**

Ab Juni 2014: Wolfgang Kosack: Ost – Märchen. Gedanken und Erinnerungen an eine längst vergangene Zeit. Taschenbuch – Sofcover. 91 Seiten. ISBN: 978-3-906206-05-9.

VERLAG
CHRISTOPH BRUNNER

Buchbestellungen bei: ChristophBrunner@hotmail.com
Christoph Brunner / Bleichestr. 7 / CH – 4058 Basel - SCHWEIZ